IL N'Y A PAS DE MALHEUR FRANÇAIS

PHILIPPE DELMAS

IL N'Y A PAS DE MALHEUR FRANÇAIS

BERNARD GRASSET
PARIS

ISBN : 978-2-246-72271-7

Pour Erik,
ami sans faille,
« grand frère » sans concession.

« *Malheur aux incertains et aux parcimonieux! On périt par défaut bien plus que par excès. La vie est toute action; l'inertie est la mort. Le dernier terme de la dégradation du radium c'est le plomb. Ainsi, pour les sociétés comme pour les individus, le goût de l'énergie, source première d'optimisme, est un instinct foncier de rectitude organique. Le pessimisme n'est pas seulement une faute contre nature, c'est une erreur de jugement autant qu'une désertion. C'est le péché contre l'esprit, le seul irrémissible.* »

SAINT-JOHN PERSE,
De l'optimisme en politique

I

LA FRANCE, CAS PARTICULIER
D'UN MOUVEMENT GÉNÉRAL

1

Une modernité qui s'ignore

La France, me dit-on, est une gloire fanée. Etoile lointaine, la lumière de son passé nous parvient encore alors qu'elle est déjà éteinte. Elle s'aigrit face au mouvement du monde qu'elle ne peut ni empêcher ni suivre parce qu'elle ne pèse plus ni ne bouge plus. D'innombrables statistiques et anecdotes laissent penser que les Français en sont convaincus. Et ce ne sont pas les commentaires des observateurs étrangers qui vont les détromper comme il est apparu lors de la crise des banlieues en 2005. De l'Asie à l'Amérique en passant par le Moyen-Orient, un étrange chorus décrivit, alors, un pays à feu et à sang où sombrait, avec l'ordre public, toute une société passéiste dont le modèle brûlait avec les voitures.

Je n'habite pas ce pays-là.

Il n'y a pas de malheur français

Le douloureux travail qui fait grimacer la France n'est pas la mesure d'un déclin mais le révélateur d'une maturation. C'est une crise de croissance, pas de vieillesse. Nous sommes souvent en retard d'une adaptation mais peut-être en avance d'une crise. Nous ne le voyons pas parce que le pessimisme ambiant, à force d'être affirmé, devient sa propre cause. Et qui nous serait particulière : finalement, les Français iraient mal parce qu'ils sont des Français. Cette complaisance dans le malheur dispense de réfléchir, tant la mélancolie est souvent plus facile que la lucidité. C'est d'autant plus regrettable que celle-ci nous raconte une autre histoire.

Il n'y a pas de malheur français. Il y a le vécu par les Français d'un événement qu'éprouvent toutes les démocraties avancées. Il s'agit de la crise de maturité du couple de la démocratie et de la modernité, entendues ici dans leur sens le plus général. La première est l'organisation politique dans laquelle les hommes choisissent librement leurs opinions, leurs dirigeants et la conduite de leur vie autant qu'il dépend d'eux. La seconde c'est l'état, toujours en mouvement, des sociétés les plus développées dans leur organisation sociale ou économique et leurs compétences techniques et scientifiques.

Une modernité qui s'ignore

Contrairement à la conviction qui existait aux époques héroïques de chacune, ni l'une ni l'autre ne sont des systèmes suffisants. Pire – et plus inattendu – il vient un point où elles peuvent s'opposer et se nuire.

Et nous y sommes.

Cette crise n'est pas une tragédie antique où des forces incompréhensibles et injustes brisent l'innocent. Ce n'est pas davantage un drame romantique où des pulsions profondes écartèlent un malheureux, seulement coupable de trop de désirs contraires. Ni mystère ni magie noire. La physique seulement de notre société travaillée comme les autres par cette crise. Les symptômes sont un tissu de contradictions semblables partout : opinions et goûts fluctuants, individualisme accru mais demande d'assistance, scepticisme vis-à-vis de toute forme d'autorité mais demande de fermeté... Toutes choses qui, médias aidant, reflètent la domination des émotions et l'incertitude du jugement.

Ce qui met la France à part est que cette perte de repères s'oppose à une tradition politique fondée il y a quatre siècles. Au xviie siècle, l'Etat moderne – l'Etat des Modernes – a pris entièrement charge de la société et l'a conservée depuis.

3

Il n'y a pas de malheur français

Cette prise en main n'était en rien un contrat social : il n'y entrait aucune confiance réciproque, seulement une affirmation d'autorité qui trouvait sa légitimité dans son efficacité. Pour tout et tous, cet Etat était l'administrateur du quotidien et le garant de l'avenir. Et c'est *cela* qui se termine sous nos yeux.

Pour les citoyens comme pour les dirigeants, c'est la disparition d'un monde. Les premiers en conçoivent un vif ressentiment envers les seconds et une profonde inquiétude. Leur situation et leur avenir dépendent désormais de leur jugement au moment où celui-ci se trouve obscurci par une angoisse d'orphelin. En effet, il n'est plus possible de s'en remettre à l'Etat et pas davantage de nouer une vraie confiance avec des dirigeants accrochés au passé. Car même s'ils s'en angoissent, les Français savent que la forme traditionnelle du pouvoir est révolue et, avec elle, le sont aussi la plupart de leurs dirigeants qui n'en connaissent pas d'autres. Discrédités, encore incapables d'inventer une nouvelle forme à leur rôle, ces derniers sont paralysés. Et cela les achève aux yeux d'une opinion qui estime, malgré tout, que l'action est la mesure du pouvoir.

Cette tension s'accumule depuis une génération. La France apparaît comme une société au

bord de la crise de nerfs, un paysage désolé de
craintes et de ressentiments. Saisis par ces
chocs, nous constatons les dégâts avec afflic-
tion, sans voir le paysage qu'ils remodèlent.

Et pourtant ! Il s'agit du plus profond renouveau de la politique depuis quatre cents ans.
Aujourd'hui, la première question politique
française n'est pas celle des institutions mais de
la confiance. Ce n'est pas l'outil qui est périmé
mais le pouvoir qui l'emploie. Car il est fondé
sur un divorce entre l'autorité et la confiance qui
est intolérable dans une démocratie dont la
maturité exacerbe l'individualisme. Et d'autant
plus que la capacité de l'Etat à façonner le
monde décline à proportion de l'élargissement
de celui-ci.

Ce temps de trouble est celui de la vraie politique : celle qui cherche et qui exprime le sens
d'être ensemble. Ces convulsions sont parcou-
rues d'un puissant désir qu'il se passe quelque
chose après des années de rien. Et ce désir est
aussi un jugement très sévère contre une génération de dirigeants. Je crois les Français plus
furieux que moroses. Furieux contre ceux qui
leur ont raconté que, seule au monde, la France
pouvait ne rien changer lorsque tout bouge,
parce qu'elle est la France. Furieux contre ceux
qui ont acheté cet immobilisme en gaspillant

5

Il n'y a pas de malheur français

l'argent public pour s'offrir un présent confortable. Furieux, surtout, qu'il ait été ainsi fait de nous un peuple de statues craintives, lustrées d'une écœurante sollicitude. « *Quand j'entends le ministre de l'Agriculture célébrer le principe de précaution avec exaltation et que la France entière se mobilise pour un canard sauvage trouvé mort au bord d'un étang, j'ai le sentiment que nous sommes entrés dans un monde étrange* », ironise Pierre Manent [1].

La fureur est là mais la peur demeure, qui nous a été apprise pendant toutes ces années. Comment ne pas avoir peur lorsque l'on cherche à vous rassurer en permanence ? Au croisement des deux, grandit un inconfort né de l'image que nous renvoient ceux qui nous regardent mais surtout notre propre histoire. Nous ne nous ressemblons pas et, du coup, le passé dont nous sommes fiers nous culpabilise. Je voudrais que se lève en nous une sorte de honte, salutaire et puissante car « *La honte à elle seule est déjà une révolution. La honte est une sorte de colère, la colère rentrée. Et si toute une nation avait vraiment honte, elle serait le lion qui se replie sur lui-même pour bondir* [2]. »

1. Entretien, *Le Point*, 2 mars 2006.
2. Karl Marx, cité par Hannah Arendt, *Journal de pensée*, Le Seuil, 2005.

Une modernité qui s'ignore

Les Français ont une capacité à nulle autre pareille à tirer parti de ces tensions. Longtemps réussie, leur expérience de l'action publique les garde d'un libéralisme niais. Ils savent que l'Etat n'a pas pour seul avenir possible de se dissoudre par le haut dans la mondialisation et par le bas dans un régionalisme sympathique mais résigné. Encore faut-il inventer les formes d'un pouvoir auquel ils puissent adhérer. Or l'efficacité ne suffit plus à la légitimité du pouvoir comme le montre l'examen des maux que nous partageons avec toutes les démocraties avancées. Il y faut aussi une adhésion personnelle des citoyens qui est d'une autre nature que le consentement de la raison, un lien humain et stable. L'époque n'est plus aux engagements passionnels pour les causes ou les dirigeants : elle cherche l'assurance d'un bon capitaine plus que l'ivresse d'un conquérant.

2

Démocratie & modernité :
crise d'un couple

Fin d'une illusion : la démocratie n'est pas inusable

La démocratie et la modernité vivent, dans nos pays, la plus ordinaire des crises de maturité des couples. L'élan passionné qui les a rassemblées se dilue dans un quotidien sans couleurs. La modernité économique et sociale venue avec la démocratie paraît avoir vidé celle-ci de son énergie. Elle, qui fut pour tant d'hommes un espoir flamboyant si intensément recherché, paraît aujourd'hui bien terne. C'est, à mes yeux, la grande leçon politique de ce début de millénaire : la démocratie n'est pas, à elle seule, une garantie de bonheur et de stabilité. Elle ne suffit pas à fournir son propre sens et son propre équilibre. Pathétique est l'erreur de ceux qui, à la fin de la guerre froide, ont vu la « fin de l'histoire » dans la généralisation de la démocratie et celle du libéralisme, son corollaire économique [1]. Il était déjà clair que ce monde assurait un bel avenir à la guerre comme les événements l'ont montré [2]. Il apparaît désormais que la démocratie ne prend pas spontanément soin d'elle-même. Il y a un contraste saisissant entre nos ternes sociétés et les vives couleurs des révolutions démocratiques qui se répandent à travers le monde. La démocratie ne s'use pas comme organisation politique, elle s'affadit comme société. Le risque n'est pas une disparition brutale mais une érosion dont les prémices sont présentes : « *Personne ne veut changer de régime mais la foi dans le régime s'est perdue* », remarque Marcel Gauchet [3].

Dès 1850, Tocqueville avait pressenti cette évolution dans un ouvrage peu lu qui est le deuxième tome du *De la démocratie en Amérique*. Cette appellation injustifiée résulte d'un choix commercial de son éditeur en raison du succès de l'essai initial. Cependant, l'auteur a souligné dans sa correspondance que le propos était très différent. Il ne s'agissait plus, pour lui,

---

1. Francis Fukuyama, *La Fin de l'Histoire*, Flammarion, 1990.
2. Philippe Delmas, *Le Bel Avenir de la guerre*, Gallimard, 1995.
3. Entretien, *Le Monde 2*, 23 avril 2005.

d'explorer les mécanismes d'une démocratie moderne mais ses limites. Et une bonne part de nos maux s'y trouvent déjà peints en un tableau saisissant.

Les citoyens d'une démocratie installée sont des inquiets, dit Tocqueville. Ils ont droit au bonheur mais s'angoissent sans cesse d'y parvenir. « *C'est une chose étrange de voir avec quelle sorte d'ardeur fébrile ils poursuivent le bien-être et comme ils se montrent tourmentés sans cesse par une crainte vague de n'avoir pas choisi la route la plus courte qui peut y conduire* [1]. » La raison de ce malaise est la démocratie elle-même qui, par sa nature égalitaire, prive le citoyen de repères. Aujourd'hui, ce phénomène est aggravé par la nature abstraite de la démocratie. Car ses références sont désincarnées : il s'agit de valeurs, de principes, certes essentiels, mais guère quotidiens lorsque l'on n'en est pas privé. De sorte que chacun est livré à lui-même et à son propre jugement. Il en résulte une inquiétude permanente : « *C'est à ces causes qu'il faut attribuer la mélancolie singulière que les habitants des contrées démocratiques font souvent voir au sein de leur abondance et ces dégoûts de la vie qui viennent quelquefois les saisir au milieu d'une existence aisée*

---

1. Alexis de Tocqueville, *De la démocratie en Amérique II*, Bouquins, 1986.

11

et tranquille. » Ce trouble existentiel a un double effet sur la société. Avec douceur, il replie chacun sur son petit monde. « *L'individualisme est un sentiment réfléchi et paisible qui dispose chaque citoyen à s'isoler de la masse de ses semblables et à se retirer à l'écart avec sa famille et ses amis ; de telle sorte que, après s'être ainsi créé une petite société à son usage, il abandonne volontiers la grande société à elle-même.* » Et ce repli est d'autant plus naturel que « *dans le doute, les hommes finissent par s'attacher uniquement aux intérêts matériels qui sont bien plus visibles, plus saisissables, et plus permanents de leur nature que les opinions* ».

Pour Tocqueville, ce mécanisme puissant et néfaste ne suppose pas d'autre condition qu'une démocratie bien installée et son corollaire naturel, une économie de marché. Cependant, celle-ci joue un rôle plus grand dans l'affaire qu'il ne le supposait. Pour lui, elle n'était qu'une modalité de la démocratie. Pour nous, elle est une force propre en raison de l'extraordinaire extension de ses mécanismes à tous les domaines de la société. A bien des égards, les marchés sont, aujourd'hui, les acteurs les plus vigoureux et les plus inventifs des démocraties... et des autres régimes aussi bien. Parlant un seul langage, inventant sans cesse de nouveaux instruments et conduits par le seul principe d'efficacité, ils ne cessent d'étendre leur champ d'action [1]. Leur puissance fait passer l'attachement prioritaire de chacun à ses intérêts matériels de la sociologie à la politique : cela ne pourrait-il pas devenir la force directrice de nos sociétés ? L'inquiétude se répand de l'émergence d'une « société de marché » dont la démocratie ne serait plus qu'un accessoire, voire une option. Cette crainte est un problème mal posé. La question n'est pas de redouter l'efficacité des marchés mais de donner à la politique autant de vigueur et d'imagination.

La tension entre la modernité et la démocratie tient à leurs spirales contraires. La première accumule les acquis économiques ou sociaux qui deviennent autant de normes. La seconde doit recréer en permanence les conditions et le sens de la vie collective. Elle dépérit si elle cesse d'être un « plébiscite de tous les jours [2] » mais c'est fort difficile. En effet, dès lors que la démocratie est assez installée pour n'être pas son propre sujet et la prospérité assez générale pour n'être pas une urgence, il n'y a plus

---

1. Il faut lire, à ce sujet, le remarquable essai de Jean Peyrelevade : *Le Capitalisme total*, Le Seuil, 2006.
2. Ernest Renan, *Qu'est-ce qu'une nation ?* Agora, 1992.

d'objet au plébiscite. Cet état des choses est naturel car « *l'égalité place les hommes à côté les uns des autres sans lien commun qui les retienne* [1] ». Cette absence de lien commun fait que le « vivre ensemble » est l'objectif et le défi central d'une société démocratique installée.

Cela ne lui est pas donné puisque nul n'étant contraint à rien, chacun se replie sur son monde. Le « confort et la sécurité » qui nous sont promis jusqu'à la nausée pour la moindre réfection de trottoir ne créent aucun sens commun. La perte de ce lien a vivement frappé les Allemands de l'Est lorsqu'ils eurent un peu pratiqué la vie enviée de leurs cousins de l'Ouest. En moins de trois ans, la plupart se sentirent déjà passibles de la remarque de Marcel Gauchet. Après quinze ans de réunification, le slogan : « Nous sommes un seul peuple » ne rencontre que 23 % d'adhésion à l'Ouest et 14 % à l'Est [2]. Tel est le fait capital et nouveau des démocraties matures. Elles ne produisent pas spontanément le sens d'être ensemble. Nous avons cru qu'il sédimentait comme le limon qui, de poussières accumulées, finit par former des montagnes. C'est confondre la

1. Alexis de Tocqueville, *De la démocratie en Amérique II*, Bouquins, 1986.
2. Jacques-Pierre Gougeon, *Le Monde*, 16 septembre 2005.

mémoire et le sens. L'une s'accumule, l'autre pas. Et c'est pourquoi l'histoire n'a pas de fin.

Une économie de l'infidélité

Le fonctionnement collectif et individuel qu'engendre une telle tension peut se décrire comme une économie de l'infidélité. L'équilibre entre le sens collectif et l'intérêt individuel est rompu au bénéfice du second puisque le premier n'y contribue plus. Le citoyen devient une mosaïque d'intérêts distincts – privé, public, professionnel –, dont l'individu est le seul lien. Dans chaque domaine, il donne et reprend sa confiance au gré de ses convictions intimes et instantanées en confrontant son scepticisme à son intérêt.

La transformation des rapports professionnels illustre bien ce phénomène. Le rapport au travail lui-même n'a pas beaucoup changé : 60 % des Français s'en déclarent satisfaits et les enquêtes sociologiques montrent une cote accrue de la valeur travail chez les jeunes [1]. En revanche, le rapport à l'entreprise est sérieusement atteint, notamment chez ceux censés lui

---

1. Christophe Lambert, *La Société de la peur*, Plon, 2005.

être le plus fidèles, les cadres [1]. La « logique de l'honneur [2] » est révolue et remplacée par une relation strictement utilitaire. Les directeurs des ressources humaines s'en plaignent d'autant plus que les exigences financières des cadres sont élevées. Ce changement a été rapide : en 1974, dans son étude des cadres d'un grand groupe européen, Michel Crozier constatait que la question de la rémunération n'était pas, à leurs yeux, un sujet susceptible d'apporter satisfaction ou mécontentement [3]. Trente ans plus tard, elle figure au premier rang, reléguant loin derrière les questions du statut ou de la fidélité à l'entreprise. Pourquoi être loyal à une organisation où seuls priment l'actionnaire et le client ? Dans le meilleur des cas, jugent les cadres, il ne subsiste qu'une logique purement contractuelle et opportuniste. Leur fidélité n'entraîne plus leur protection ni leur statut une distinction.

Les rapports des consommateurs avec les produits et les fournisseurs subissent une évolution similaire. La continuité peut exister mais

---

1. François Dupuy, *La Fatigue des élites*, Le Seuil, 2005.
2. Philippe d'Iribarne, *La Logique de l'honneur*, Le Seuil, 1989.
3. Michel Crozier, *Les Cadres et l'Organisation. Etude de cas auprès d'un grand groupe industriel*, Association pour le développement des sciences sociales appliquées, Paris, 1974.

elle est le résultat d'un jugement favorable régulièrement reconduit et non d'une confiance établie. En tous domaines, les citoyens sont susceptibles d'abandonner n'importe qui ou quoi parce qu'ils s'attendent à l'être de même : l'infidélité est un droit. Une confirmation de cet état d'esprit est donnée par une étude effectuée en 2002 sur un vaste échantillon (2 800 personnes) interrogé sur le sens et la valeur de certains mots [1]. Elle révèle des Français effectivement conformes à ce tableau : culte du « moi je », préférence des émotions à la raison, désir de changement sans savoir lequel, argent refuge, engagement professionnel dévalorisé, goût de la nouveauté pour elle-même, consommateurs sans fidélité, néo-libéraux sécuritaires, etc.

Cette confusion des sentiments rend la compréhension de la société très difficile pour les politiques ou les marchands. Des professions entières prospèrent à essayer de prévoir cette changeante météo. A tel point que l'importance de l'opinion paraît être un phénomène nouveau, le produit d'une société de médias qui sombre dans la superficialité et l'inconsistance. Et ce constat est souvent proche d'un jugement moral

---

1. Laurent Joffrin, « L'idéologie du rejet », in Sofres, *L'Etat de l'opinion 2003*, Le Seuil, 2003.

de déchéance. Nulle nouveauté pourtant. Cette force de l'opinion est, elle aussi, un produit fatal de l'évolution de la démocratie. Le repli de chacun sur soi et la dévaluation des références communes laissent chacun libre de son jugement tout en en affaiblissant les critères. Ce mouvement contraire engendre donc une situation paradoxale où, à défaut d'autorité supérieure reconnue et de discernement personnel assuré, les avis les plus partagés sont les plus crédibles. Tocqueville l'avait pressenti avec une remarquable clairvoyance dès 1850. « *Quelles que soient les lois politiques qui régissent les hommes dans les siècles d'égalité, l'on peut prévoir que la foi dans l'opinion commune y deviendra une sorte de religion dont la majorité sera le prophète* [1]. »

L'économie de l'infidélité, l'efficacité des médias et des moyens de mesure, amplifient ce mouvement de fond mais ne l'inventent pas. Elles accentuent et rendent plus visible le caprice des opinions qui mutent comme des virus. Du coup, les sondeurs ont une importance égale à celle de leurs collègues autrefois placés à l'avant du navire des explorateurs. Le moindre changement doit être saisi sur le vif. Malgré tout, l'opinion est de

---

1. Alexis de Tocqueville, *De la démocratie en Amérique II*, Bouquins, 1986.

plus en plus insaisissable. Dans toutes les démocraties matures les électeurs découragent les pronostics qu'ils prennent à contre-pied. Plusieurs pays européens l'ont montré récemment lors d'échéances importantes. Et cela aggrave chez les élites le sentiment d'irrationnel et d'imprévisible.

Une perte générale du jugement...

Pour les citoyens comme pour les dirigeants, il s'agit, au fond, d'une crise de la capacité de jugement. Les critères et la légitimité en deviennent complètement flous. Par suite, pour les uns comme pour les autres, il n'y a plus rien sur quoi fonder une confiance stable. Les dirigeants se sentent soumis à une tyrannie de l'émotion qui les piège dans une insurmontable contradiction. Rien ne peut être bâti sur ce qu'ils perçoivent comme des comportements irrationnels, instables et amplifiés par la nature collective de l'opinion. A ce titre, ils s'en défient et la tentation du mensonge est presque irrésistible. Toutefois, ils n'ont pas d'autre repère. Chacun brocarde « les gens » et rêve de s'affranchir de l'opinion mais nul n'y parvient, sans pour autant savoir à laquelle se vouer : un avis vaut un autre avis ; c'est la confusion généralisée. Et pour les citoyens plus encore car ils sont désormais saisis de tout et leur avis est sans cesse sollicité. Ils sont amenés à juger de n'importe quoi. Chacun se prononce d'après lui-même, et comme nulle parole n'est plus légitime qu'une autre, toute opinion se vaut. Il n'y a plus de jugement, seulement des préférences. C'est le fondement du « politiquement correct » qui est la négation même de la politique.

Celle-ci devient une alchimie étrange pratiquée par des dirigeants que leurs électeurs souhaitent hermaphrodites, leur demandant d'être tour à tour père du régiment et maman de la nation. Ce n'est pas une incohérence mais un désarroi. L'émotion qui prime dans l'opinion est le doute voire l'inquiétude. L'économie de l'infidélité est une économie de l'incertitude, pas de la liberté parce que la confiance ne trouve aucun ancrage. Il est en effet devenu trop difficile de juger des choses tant le monde n'est ni cadré ni rassurant. Cela s'illustre, par exemple, dans l'extrême proximité des scores électoraux de partis aux programmes pourtant fort différents comme l'ont montré récemment des pays aussi variés que les Etats-Unis (120 000 voix d'avance pour le vainqueur, en 2004), l'Allemagne (0,92 %, en 2005), le Mexique (0,56 %, en 2006) ou l'Italie (0,06 %, en 2006).

Démocratie & modernité : crise d'un couple

... dont les Etats sont les premières victimes

De ce point de vue, les Etats des démocraties matures ont presque tous échoué. Utiles prestataires de services en tous genres, ils se révèlent impuissants à fournir ce cadre et ce confort moral. Ils ne paraissent pas capables de donner aux citoyens la justification et la direction du mouvement de la société. Le reproche qui leur est partout fait d'une résignation face à la mondialisation est emblématique à cet égard. C'est pourquoi, depuis une dizaine d'années, l'organisation politique de la plupart des grandes démocraties évolue vers une diminution de la place de l'Etat au profit d'une décentralisation étendue. Les Etats sont les premiers perdants du grand débat politique entre les sociétés et les marchés. Le renforcement des pouvoirs locaux est bien plus une affaire de légitimité que d'efficacité. De part et d'autre de l'Atlantique, la plupart des grandes démocraties modernes sont engagées dans ce mouvement malgré leurs différences. En Europe, le Royaume-Uni, l'Espagne, l'Italie, l'Allemagne, ou la Belgique sont autant d'exemples.

Tous les pays concernés ont cependant un puissant trait commun : le pouvoir y a toujours été partagé. A tel point d'ailleurs que l'Etat moderne y est souvent une figure récente. Il s'est construit en fédérant des pouvoirs locaux très anciens et chatouilleux de leurs prérogatives. Les débats en cours sur la répartition des pouvoirs dans ces mêmes pays européens le montrent bien. Y compris au Royaume-Uni, Etat ancien mais fondé, depuis cinq siècles, sur le contrôle du pouvoir central comme ses rejetons canadien et américain. Dans tous ces pays, l'usure de la démocratie est, en fait, celle du pouvoir central, « usual suspect » traditionnel de tous les maux pour les citoyens et les pouvoirs locaux. De sorte que, à court terme du moins, les tensions entre la modernité et la démocratie se dénouent par un retour aux racines territoriales du pouvoir. Dans toutes les démocraties mûres, régions et communes sont les institutions politiques les plus populaires et les plus dynamiques. Cela est bien illustré par la profondeur et la popularité des débats de régionalisation de *tous* les grands pays européens et par la demande d'un fédéralisme encore renforcé outre-Atlantique.

Chacun éprouve le besoin d'un village. Mais, dans ces pays, ce sentiment n'est pas une nostalgie pastorale. Ces revendications face à l'Etat ne sont nullement jugées rétrogrades ou passéistes parce que la vie locale est la réalité politique la plus ancienne et la plus légitime. Elle reste l'enracinement des appartenances, et, de ce fait, perçue comme un rempart plus sûr que les Etats contre la marée de la mondialisation et la perte des identités. Elle est le lieu du bon sens, des repères et du jugement serein. Elle l'a toujours été : l'Etat n'a jamais occupé cette place dans les cœurs et les esprits. De sorte que ce mouvement qui renforce les pouvoirs locaux n'est pas un bouleversement ou une « défaite » de l'Etat. Politiquement, c'est le déplacement marginal d'un équilibre ancien et qui se trouve conforté. Affectivement, en revanche, c'est un changement important : les lieux de confiance et de pouvoir se rapprochent, ce qui réduit l'indifférence ou le repli des citoyens. La démocratie reprend des couleurs. La vie politique n'en devient pas pour autant un monde enchanté mais, au moins, réhabité.

Sauf en France.

La tension entre la modernité et la démocratie s'y manifeste comme ailleurs mais les effets en sont complètement différents. Parce qu'elle heurte de plein fouet notre culture du pouvoir qui est unique au monde, Chine exceptée. Né il y a près de quatre cents ans, l'Etat français moderne a fait le choix de devenir absolu et il a dessaisi tout autre que lui-même de tout jugement sur tout sujet. Ce faisant, il s'est engagé à assumer la société en entier : son quotidien jusque dans les moindres détails mais aussi ses valeurs, ses projets et même ses rêves. Et il y est parvenu pendant plusieurs siècles. C'est la raison de cette relation si particulière des Français avec l'Etat. Et celle-ci explique pourquoi la tension entre la modernité et la démocratie n'est pas en France une simple évolution mais un bouleversement douloureux. Elle n'est pas, comme ailleurs, un pas supplémentaire de la société vers encore davantage de responsabilité individuelle ou décentralisée car, précisément, rien de tel n'existe plus depuis des siècles.

3

L'Etat des Modernes, une singularité française

La querelle des Anciens & des Modernes :
vieille histoire...

Ce qui est en jeu ici a commencé il y a plus
de trois cent cinquante ans avec la victoire
de Louis XIV sur Fouquet qui fut le dénoue-
ment de la querelle des Anciens et des Modernes. Vieux souvenir d'école... Ce n'est pas une
dispute littéraire mais le plus grand débat qui
ait jamais existé en France sur les formes
du pouvoir. L'histoire en est magnifiquement
contée par Marc Fumaroli qui révèle aussi
le courage politique hors du commun de
La Fontaine, le gentil poète des fables, face à
Louis XIV [1].

---

1. Marc Fumaroli, *Le Poète et le Roi*, Editions de Fallois,
1997.

Il n'y a pas de malheur français

A l'avènement de celui-ci, et depuis trente ans déjà, deux conceptions s'affrontent. Celle, traditionnelle, et donc dite « des Anciens », est portée par Fouquet et la noblesse. Ils défendent un pouvoir dont l'autorité morale est puissante et la légitimité profonde. Les sujets se soumettent à la royauté autant qu'au roi parce qu'ils la jugent bienfaisante et légitime. Un tel pouvoir est d'abord une confiance et n'a donc pas besoin de s'exercer en majesté. « *Le poids de la souveraineté ne touche un gentilhomme français à peine deux fois en sa vie* », disait Montaigne [1].

Cependant, ce séduisant principe avait été sérieusement mis à mal par la noblesse pendant les guerres de religion. Comme dans tous les pays européens, elle avait profité de cette crise gravissime pour essayer de reconquérir des privilèges et des pouvoirs au détriment de la monarchie. La fragilité de celle-ci avait été durement expérimentée par Henri IV puis Louis XIII et Richelieu. Les seize ans de pouvoir de ce dernier furent consacrés à conforter sans cesse un pouvoir royal incertain face à une aristocratie puissante et indépendante. Ses loyautés claniques et familiales effaçaient les frontières et toute idée d'intérêt « national ».

---

1. *Essais*, livre I, chap. 42.

Soumises aux mêmes difficultés, la plupart des cours européennes firent des compromis sur la répartition des pouvoirs. Pas la France. De ses âpres combats contre les grandes familles aristocratiques, Richelieu tira la conclusion que le sort du royaume devait être mis à l'abri des émois et des intérêts changeants de la noblesse. Et la capacité du roi à se faire obéir ne pouvait pas dépendre seulement de son caractère ou de son humeur. Il fallait que tous soient obligés par un principe supérieur et pérenne.

Père des « Modernes », il mit en théorie et en pratique l'idée que l'intérêt de l'Etat s'imposait à tous, roi compris. Désormais, le devoir des dirigeants serait de faire prévaloir la raison – attribut divin – sur les affections ou les émotions et cela supposerait qu'ils soient absolument obéis par tous. Richelieu l'écrit dès 1630 : « *L'homme doit souverainement faire régner la raison ce qui ne requiert pas seulement qu'il ne fasse rien sans elle mais l'oblige, de plus, à faire que tous ceux qui sont sous son autorité la révèrent et la suivent religieusement* [1]. » Ce dernier adverbe, au XVIIᵉ siècle, n'est pas une clause de style, surtout sous la plume d'un cardinal. Lequel insiste sur la fermeté requise : « *Tous les politiques sont d'accord que, si les peuples étaient trop à leur aise,*

---

1. Richelieu, *Testament politique*, Editions Complexe, 1990.

Il n'y a pas de malheur français

il serait impossible de les contenir dans les règles de leur devoir. »

Louis XIV partageait pleinement ces vues. Marqué par la déloyauté des grands féodaux envers son père, puis sa mère, le jeune roi n'accordait aucun crédit au contrat moral défendu par les Anciens. En outre, les grands administrateurs du royaume n'avaient cessé de souligner l'incompétence économique de la noblesse. Le royaume devait sa prospérité à sa population, de loin la première d'Europe, mais pas à son efficacité. C'était une faiblesse dangereuse face à la modernité de l'Angleterre et des Pays-Bas. Et la cause en était, à nouveau, la noblesse qui administrait librement les provinces, c'est-à-dire pas du tout.

La combinaison de ces arguments fut irrésistible. En 1661 – Louis XIV n'a que 23 ans – Fouquet, ami des Arts, surintendant des finances, passionnément attaché à la forme traditionnelle de la monarchie, fut arrêté. Au terme d'un procès laborieusement fabriqué, il fut condamné à perpétuité. En quelques années, toutes les formes traditionnelles du pouvoir furent remplacées par une autorité étatique déléguée et étroitement contrôlée. Le roi s'entoura d'un Conseil à sa main, largement recruté dans la bourgeoisie et la noblesse de robe. Et le règne de l'administration commença qui dure encore aujourd'hui, essentiellement inchangé.

... de l'Etat d'aujourd'hui !

Cette continuité est d'une force prodigieuse. En 1830, Tocqueville remarquait que, si la Révolution avait bouleversé les rapports sociaux, elle n'avait guère atteint ceux avec l'Etat. Il ne s'est agi que d'un changement de label, de sujet à citoyen. « *On ne saurait lire la correspondance d'un intendant de l'ancien régime avec ses supérieurs ou des subordonnés sans admirer comment la similitude des institutions rendait les administrateurs de ce temps-là pareils aux nôtres. Ils semblent se donner la main à travers le gouffre de la révolution qui les sépare* [1].* » Il serait certainement sidéré de constater que l'Etat mis en place au XVIIᵉ siècle et qu'il décrit au milieu du XIXᵉ dans son essai sur « L'Ancien Régime et la Révolution », est encore largement celui que nous vivons au XXIᵉ !

Dès le XVIIIᵉ siècle, l'emprise de l'Etat sur la société française était un sujet d'ébahissement

---

1. Alexis de Tocqueville, *L'Ancien Régime et la Révolution*, GF, 1988.

Il n'y a pas de malheur français

pour les observateurs extérieurs comme John Law, citoyen écossais et ministre des Finances du Régent. « *Sachez que ce royaume est gouverné par trente intendants. Vous n'avez ni parlement, ni états, ni gouverneurs ; ce sont trente maîtres des requêtes commis aux provinces de qui dépendent le malheur ou le bonheur de ces provinces, leur abondance ou leur stérilité* [1]. » Tout-puissants en leur territoire, ces intendants ne prennent aucune décision sans en référer à Paris, au Conseil du Roi. « *Les villes ne peuvent ni établir un octroi, ni lever une contribution, ni hypothéquer, ni vendre, ni affermer leurs biens, ni les administrer ni faire emploi de l'excédent de leurs recettes sans qu'il intervienne un arrêt du Conseil sur le rapport de l'intendant. (...) Il fallait obtenir un arrêt de ce Conseil pour réparer le dommage que le vent venait de causer au toit de l'église ou relever le mur croulant du presbytère. La paroisse rurale la plus éloignée de Paris était soumise à cette règle comme les plus proches. J'ai vu des paroisses demander au Conseil le droit de dépenser 25 livres.* » Paris administre tout, veille à la vie de chacun et prescrit les voies et moyens du bien-être. « *Le gouvernement central ne se bornait pas à venir au secours des paysans dans leurs misères ; il prétendait aussi leur enseigner l'art de s'enrichir. (...) Dans ce but,*

---

1. Alexis de Tocqueville, *L'Ancien Régime et la Révolution*, GF, 1988.

30

il faisait distribuer par ses intendants et subdélégués des petits écrits sur l'art agricole, fondait des sociétés d'agriculture et promettait des primes. » Portrait d'un grand réalisme contemporain mais qui dépeint une situation d'il y a... trois cent cinquante ans !

La modernité du tableau ne se borne pas au rôle des administrations ; elle est aussi grande au sujet de leur état d'esprit. Ainsi en est-il, par exemple, de « l'interprétation » des lois et règlements qui permet d'en moduler l'application au gré des situations. Il en est résulté l'absence à peu près complète de responsabilité personnelle dans l'exercice de leurs fonctions dont la majorité des fonctionnaires bénéficie encore aujourd'hui. En provient aussi cette solidarité entre « collègues » bien plus conscients de leur appartenance commune que de l'existence d'une loi générale. Dans l'affaire d'Outreau, l'institution judiciaire vient encore d'illustrer combien elle vit dans l'Ancien Régime tel que Tocqueville le décrit. « *Les procès qui naissent de l'interprétation d'un acte administratif ne sont point du ressort des juges ordinaires. (...) Tant et si bien qu'il suffit de tenir à l'administration par le plus petit fil pour n'avoir rien à craindre d'elle. »* Cet « entre soi » est le reflet d'une aversion générale de l'administration pour l'immixtion de quiconque dans ses affaires et pour toute forme d'autorité ou de légitimité concurrente des siennes. « *Le moindre corps indépendant qui semble vouloir se former sans son concours lui fait peur, la plus petite association libre, quel qu'en soit l'objet, l'importune. (...) Les grandes compagnies industrielles elles-mêmes lui agréent peu. (...) Le gouvernement souffre assez volontiers qu'on attaque les principes fondamentaux sur lesquels reposait alors la société et qu'on discute jusqu'à Dieu même, pourvu qu'on ne glose point sur ses moindres agents.* »

La conséquence de cet état des choses est simple : « *Personne n'imagine pouvoir mener à bien une affaire importante si l'Etat ne s'en mêle.* » Ce constat vaut pour les grandes affaires du pays comme pour les petits soucis des petites gens, même les plus méfiants envers l'administration. « *Les agriculteurs eux-mêmes, gens d'ordinaire fort rebelles aux préceptes, sont portés à croire que, si l'agriculture ne se perfectionne pas, la faute en est principalement au gouvernement qui ne leur donne ni assez d'avis, ni assez de secours.* » Et Tocqueville de résumer sobrement la dépendance ainsi instituée : « *Le gouvernement ayant ainsi pris la place de la Providence, il est naturel que chacun l'invoque dans ses nécessités particulières.* »

Un passé qui ne passe pas

Après un sourire ébahi, cette permanence inspire une réelle inquiétude. Cette analyse a été rédigée il y a cent cinquante ans et décrit une situation créée deux cents ans auparavant. Celle-ci a traversé indemne la Révolution et tous les immenses changements qui ont suivi jusqu'à aujourd'hui. La plupart de ses observations restent exactes dans le détail comme dans la peinture générale. L'immixtion pointilliste de l'Etat dans la vie des Français demeure aussi grande que l'attente de ces derniers envers lui.

Rien n'en donne meilleure idée que l'amour intact des Français pour la vie de fonctionnaire. En ce début de xxıᵉ siècle en France, plus de 36 % des salariés dépendent de l'Etat [1]. C'est le double de la moyenne des pays de l'OCDE. Ce n'est sans doute pas assez puisque 84 % des Français se verraient bien fonctionnaires [2] ! La fonction publique continue à séduire et

---

1. « L'emploi public et son évolution », rapport annuel de l'Observatoire de l'emploi public, janvier 2005.
Fin 2002, sur 22,7 millions de salariés, 6,8 étaient employés par des organismes publics de toute nature et 1,5 avaient un emploi financé par l'Etat au titre de la formation ou d'aides diverses.
2. Christophe Lambert, *La Société de la peur*, Plon, 2005.

l'Etat y acquiesce. Depuis 1990, les effectifs de l'Etat ont augmenté de 10 %, ceux des hôpitaux de 13 % et de 25 % dans les collectivités locales, soit 700 000 nouveaux fonctionnaires, dont une très faible part due au passage aux 35 heures [1].

Le mouvement ne se ralentit pas : en 2005, les collectivités locales ont recruté 25 % de plus qu'en 2004 [2]! En raison de la décentralisation paraît-il. Les effectifs de l'Etat n'en diminuent pas pour autant. Il y a deux fois plus de fonctionnaires de l'agriculture par paysan actif en 2005 qu'en 1998! Et ces derniers n'ont pas l'air de s'en porter mieux. Pour 2006, le Premier ministre a annoncé la création de 3 000 postes à vie dans la recherche, 40 000 dans les hôpitaux, 45 000 dans l'éducation, et le remplacement presque nombre pour nombre de ceux partant à la retraite. Et, en 2007, le modeste effort de l'Etat – 15 000 départs à la retraite non remplacés – est bien plus que compensé par les recrutements des collectivités locales (30 000 fonctionnaires) et des hôpitaux (10 000). « *Les emplois publics ? C'est très à la mode* », dit le cabinet du Premier ministre [3]. La demande est énorme :

1. Rapport Pébereau, décembre 2005.
2. *Le Monde*, 16 septembre 2005.
3. *Le Monde*, 21 septembre 2005.

24 candidats par poste en catégorie A, 19 en B et 13 en C. C'est parfois beaucoup plus dans les ministères « attractifs » : 51 candidats par poste de contrôleur des impôts, 46 pour ceux d'agent de constatation ou d'assiette ! Il en résulte une surqualification massive porteuse, à terme, d'amertume et de contestation sociale. Pour les concours B, 75 % des recrutés sont surqualifiés : 80 % des contrôleurs des impôts, 70 % de ceux du Trésor ont une licence ou plus, pour des emplois niveau bac. Il en est de même dans la police ou la justice. La situation est identique pour la catégorie C, ouverte sans condition de diplôme : au concours d'agent de recouvrement du Trésor, 42 % ont une licence, 55 % entre le bac et la licence et 3 % seulement le niveau demandé [1] !

Aucune autre démocratie moderne ne connaît une telle situation. Dans bien des pays, au contraire, l'Etat peine à recruter. Ces chiffres donnent à voir l'intensité des tensions qui habitent la société française mais aussi leur particularité. Car ce ne sont pas seulement les risques de la vie, notamment professionnelle, qui inquiètent les Français. Leurs voisins n'en ont pas davantage le goût : eux aussi attendent

---

1. « L'emploi public et son évolution », rapport annuel de l'Observatoire de l'emploi public, janvier 2005.

de l'Etat qu'il en amortisse le coût. Mais pas qu'il en supprime l'existence. C'est, en revanche, l'attente de beaucoup de Français, de tous milieux et de tous âges. C'est l'incertitude elle-même qu'ils veulent éviter. La crise du CPE a ainsi révélé une jeunesse pour laquelle les aléas de l'entrée dans la vie active sont une insupportable injustice à laquelle l'Etat doit porter remède. La société de l'Ancien Régime, que conserve si soigneusement l'administration et que les Français aiment tant, est fortement structurée et prévisible. Les tâches et les « places » y sont précisément définies et verticalement organisées.

Nos modes de relations professionnelles en sont façonnés : la coopération ou le face-à-face y sont inconfortables, inhabituels, presque suspects. Or, ces dispositions, qui sont profondément inscrites dans notre tournure d'esprit, sont à l'opposé de ce que réclame le mouvement du monde. Il exige, au contraire, de plus en plus d'interdépendance et de coopération. C'est un énorme problème pour les Français, qui, longtemps, s'en sont protégés par la spécialisation des tâches. L'immense botanique des classifications et statuts administratifs le montre de tout son poids. Mais il y a de moins en moins de justification aux statuts et aux niveaux. La plupart des organisations s'efforcent d'en réduire le nombre et le cloisonnement à l'aide, notamment, des technologies de l'information. Combiné avec la surqualification, il en résulte un sentiment de déconsidération qui est une des causes de la réticence des administrations à la modernisation de leurs organisations. Ainsi est-il infiniment compliqué d'obtenir l'envoi des professeurs les plus expérimentés dans les classes les plus difficiles. De même, la géographie de l'implantation de la police et de la gendarmerie est restée inchangée de 1942 à 2002 où elle a commencé à être réformée. En 2000, un ministre des Finances a perdu son poste pour avoir voulu fusionner deux directions de son ministère afin d'abaisser le coût et de faciliter la collecte de l'impôt, pourtant une des plus onéreuses d'Europe. Il y a huit fois plus de centres des impôts par million d'habitants en France qu'en Angleterre ou en Allemagne, et un tiers ont moins de quatre agents! Peut-être cela sera-t-il fait avant 2010...

Ce conservatisme n'est pas l'apanage de la fonction publique, des syndicats ou des plus modestes. Les cadres d'entreprise subissent les contradictions de la société française avec autant de violence. La perte de nombreux éléments de statut, l'obligation d'accomplir des tâches autrefois ancillaires, engendrent le même sentiment de banalisation. Nombre de sociétés, par exemple, suppriment ou regroupent les secrétariats. Elles jugent que le courrier électronique et les services en ligne permettent à chacun de traiter lui-même la plupart de ses besoins de service, d'information ou d'organisation. De tels exemples sont légion, simples mesures de bonne gestion pour les uns et petites morts pour les autres.

Leur accumulation contribue à faire basculer les cadres du côté des inquiets. Non à cause de menaces accrues sur l'emploi ou les revenus, mais en raison de ce sentiment de dégradation, au sens propre. Au début des années 2000, un quart environ des cadres se sentaient « déclassés », contre un tiers des salariés dans leur ensemble. En 2005, ce chiffre a atteint 60 % pour les uns et les autres. Les cadres sont banalisés jusque dans leur sentiment de l'être [1]. Dans la France du XXIe siècle, le taux de syndicalisation et de soutien à l'action collective est plus élevé chez les cadres que chez les ouvriers ! Leur premier syndicat n'est plus la CGC mais la CFDT. Il se confirme ainsi combien leur relation à l'entreprise s'est distanciée. Leur soutien massif au maintien de la législation sur

---

1. *Le Monde*, 21 septembre 2005.

les 35 heures le montre. Les trois quarts (!)
d'entre eux jugent qu'une remise en cause ne
profiterait qu'aux entreprises et à leurs action-
naires [1]. A contrario, il est tout aussi révélateur
que seuls les cadres dirigeants échappent à
cette évolution. Leur rapport à l'entreprise et
au travail demeure inchangé et ils soutiennent
la remise en cause des 35 heures. Mais ce
sont précisément les seuls qui se perçoivent
aujourd'hui dans la même situation sociale
qu'il y a trente ans.

Le douloureux dilemme des Français

Les Français se trouvent donc devant un
dilemme cornélien. Leur relation avec l'Etat
est plus ancienne, et à bien des égards plus
profonde, qu'avec la démocratie. Bien avant
celle-ci, la création de l'Etat moderne a ins-
tauré certaines formes d'égalité. Elles corres-
pondaient d'ailleurs à des traits existants de la
société française : l'égalité était au cœur des
structures familiales paysannes au XVIIᵉ siècle [2].
Le développement de la démocratie a transformé ces prémices en un mouvement de fond
que rien ne borne. En effet, « *Quand l'inégalité*

---

1. François Dupuy, *La Fatigue des élites*, Le Seuil, 2005.
2. Emmanuel Todd, *Le Monde*, 14 novembre 2005.

Il n'y a pas de malheur français

*est la loi commune d'une société, les plus fortes iné-
galités ne frappent point l'œil ; quand tout est à peu
près de niveau, les moindres le blessent. C'est pour
cela que le désir de l'égalité devient toujours plus
insatiable à mesure que l'égalité est plus grande* [1]. »

C'est là une évolution générale des démocraties. Elle a pris un tour particulier en
France du fait de la place de l'Etat dont les
Français ont continué à attendre qu'il garan-
tisse l'égalité et organise les inégalités accep-
tables. Elles le sont dès lors qu'elles résultent
d'une règle, d'une codification connue, bref
d'un statut comme le montre notre extra-
vagante tolérance pour les avantages catégo-
riels. Tout groupe se percevant dans une
situation d'inégalité s'estime fondé à demander
réparation de ce préjudice à l'Etat. Car ce n'est
plus l'égalité qui conduit ce mouvement mais
l'envie, sa forme pathologique : « *Une fois installée au cœur des passions démocratiques, l'envie
née de l'égalité renforce cette dernière en exigeant
qu'elle soit en toute chose la règle. (...) La logique
de l'égalité qui fut pendant si longtemps la dyna-
mique révolutionnaire et progressiste par excellence
apparaît souvent aujourd'hui comme infiniment*

---

1. Alexis de Tocqueville, *De la démocratie en Amérique II*,
Bouquins, 1986.

conservatrice [1]. » Cette incessante demande d'égalité formelle que les Français adressent à l'Etat engendre une société de statuts, aux différences codifiées et limitées.

Le dilemme provient de ce que cette rigide conception de l'égalité est à rebours de la compétition entre les individus que la démocratie suscite spontanément. Et cette seconde tendance l'emporte inexorablement sur la première en raison de la prévalence pour chacun de ses intérêts personnels dans une société qui n'est tenue ni par une menace extérieure ni par une idéologie intérieure.

Les Français attendent de l'Etat une égalité toujours plus grande alors que le mouvement spontané de la société va vers l'accroissement de la concurrence et de la différence entre les citoyens. Cette contradiction-là infecte la trame même de la société qui en fait une forte fièvre. Car depuis près de quatre siècles, l'Etat paraissait capable de tout concilier : la modernisation et la stabilité, la compétition et l'égalité, la prospérité et la sécurité. Si profonde était la foi que, en ce début du XXIᵉ siècle encore, c'est un séisme lorsqu'un Premier ministre, socialiste de surcroît, énonce que « L'Etat ne peut pas tout ».

---

1. Luc Ferry, *Le Syndrome du gyroscope*, Institut Montaigne, décembre 2004.

Il n'y a pas de malheur français

Il est alors entendu qu'il ne peut rien. Et cela est d'autant plus grave que, au contraire de leurs voisins, les Français n'ont nulle part où aller. Il n'y a pas de refuge. Le pouvoir est à réinventer.

Sur le fond, c'est une chance unique, précisément parce que nous n'avons ni antalgique ni drogue de substitution. Pour les mêmes raisons, il en résulte dans l'immédiat une spirale d'angoisse qui emporte citoyens et dirigeants. Les Français ont le sentiment que leur avenir n'est plus contrôlé. Ils ne s'en sont jamais occupés eux-mêmes et leurs dirigeants avouent ne plus pouvoir le leur garantir. Dans ces conditions, la plupart conçoivent une aversion spontanée pour le changement. Faute de norme extérieure qui définit le « bon » changement, l'évaluation de celui-ci est laissée au jugement de chacun : « Mon sort sera-t-il amélioré et au moins autant que celui de mon voisin ? » Dans une société où nul ne croit que tout le monde peut gagner, la seconde partie de la question est cruciale. Or, elle est la plus incertaine. Par suite, la préférence pour le statu quo est la solution la plus sûre. « *Je ne puis m'empêcher de craindre que les hommes n'arrivent à ce point de regarder toute idée nouvelle comme un péril, toute innovation comme un trouble fâcheux, (...) et qu'ils refusent entièrement de se mouvoir de peur*

qu'on les entraîne[1]. » Cette crainte du changement n'est pas contradictoire avec l'économie
de l'infidélité : celle-ci manifeste celle-là. Elle
traduit cette curiosité inquiète caractéristique
des démocraties.

La conduite politique du pays devient donc
infernale. Telle Phèdre, le citoyen se sent
trompé et manipulé par tous : « *Tout m'ennuie et
me nuit et conspire à me nuire*[2]. » Les Français
n'ont guère d'estime pour des politiciens déses-
pérés de leur plaire mais à 85 % soupçonnés de
ne s'intéresser qu'à leur carrière, si bien que les
formes ritualisées du pouvoir ne signifient plus
rien. Finalement, les institutions elles-mêmes
paraissent de moins en moins utiles. Parce que
la confiance en l'Etat est en train de disparaître.

Ce qui est, pour les Français, la fin d'un
monde. Et, déjà, l'invention d'un autre mais ils
ne le savent pas.

---

1. Alexis de Tocqueville, *De la démocratie en Amérique II*,
Bouquins, 1986.
2. Racine, *Phèdre*, acte I, scène 3.

II

A MÉFIANCE, LA PRUDENCE, L'ABSENCE
VOIES DISSIMULÉES DU CHANGEMENT

4

Une société de défiance généralisée [1]

« *Nous sommes des hommes et ne tenons les uns aux autres que par la parole* », disait Montaigne dénonçant le poison de la méfiance née du mensonge [2]. Un état d'esprit qui révoque toute parole en doute dissout le lien social, pas moins. Ce processus est au cœur du fonctionnement du système totalitaire comme l'a montré Hannah Arendt [3]. En créant la défiance de chacun envers tous, le système totalitaire atomise entièrement la société au sens propre : chacun se mure dans l'isolement car tout contact est un risque, tout échange suspect. De manière plus insidieuse et plus douce, ce risque existe aussi dans une société démocratique. « *Chacun entreprend alors de se suffire et met*

---

1. La formule est empruntée à une remarquable étude de l'agence EuroRSCG : « La société de défiance généralisée », 2004.
2. *Essais*, livre I, chap. 9.
3. *Le Système totalitaire*, Le Seuil, 1972.

Il n'y a pas de malheur français

sa gloire à se faire sur toutes choses des croyances
qui lui soient propres, (...) et l'on dirait que les
opinions humaines ne forment plus qu'une sorte de
poussière intellectuelle qui s'agite de tous côtés, sans
pouvoir s'assembler ou se fixer [1]. »

Un produit fatal du discrédit de l'Etat

Un tel état d'esprit n'est pas le produit de la
seule fantaisie désabusée des Français. Cette
demande de vérité, éperdue au point de n'en
plus recevoir aucune, trouve aussi son origine
dans le pouvoir politique. Celui-ci repose sur
l'élection dont le moteur est la promesse et non
le bilan [2]. Dans ce processus, « *la véracité n'a
jamais figuré au nombre des vertus politiques et le
mensonge a toujours été considéré comme un moyen
parfaitement justifié dans les affaires politiques* [3] ».
Ces mensonges ont longtemps été tolérés en
France comme faisant partie des attributs voire
des privilèges du pouvoir. Le crédit n'était pas
illimité mais pondéré par la nature du mensonge – privé, il ne coûtait rien – et par la qua-

1. Alexis de Tocqueville, *De la démocratie en Amérique II*,
Bouquins, 1986.
2. Jacques Séguéla, *Le Verdict des urnes*, Flammarion,
2000.
3. Hannah Arendt, *Du mensonge à la violence*, Agora,
1994.

lité reconnue à l'action du dirigeant. La plupart des Français ont jugé absurde la révocation de Richard Nixon au seul motif de quelques micros posés dans les bureaux de l'opposition alors qu'il était en train de sortir son pays du bourbier vietnamien.

De si aimables arrangements n'ont plus cours désormais. Le retour de chacun sur soi et sur son seul jugement réduit les références communes. Or, elles étaient ce qui rendait acceptable un certain type de mensonge. Chacun se reconnaissait un peu dans le dirigeant incriminé et admettait bien volontiers que, bénéficiant des mêmes avantages, il en aurait peut-être usé de même. Cette espèce de complicité disparue, il ne reste qu'une analyse sèche des faits. Et chacun la conduit à sa seule aune dans laquelle l'envie joue un grand rôle. « Pourquoi lui, si pas moi ? » La société fait des comptes, acquiert de la mémoire, et prend à contre-pied les usages les plus confortables et établis de la vie politique. Il n'est que de voir la difficulté des dirigeants ou des candidats à changer de pratique.

Mais il y a plus. Le mensonge par omission ou minoration qui est une tactique pour les politiciens est souvent une méthode pour les administrations. Le mensonge du politique cherche à créer la confiance en donnant à voir ce qu'il dit souhaiter pour l'électeur. C'est une élision pure et simple du réel qui s'intercale entre le vœu et le fait. Tout autre est le mensonge de l'administration. Il résulte de l'obligation qu'elle se voit de protéger politiques et citoyens de leurs errements respectifs. A ses yeux, les promesses inconsidérées des uns et les émotions irrationnelles des autres risquent d'aboutir à la paralysie. Il s'agit de protéger la raison dans une société qui en fait peu de cas mais qui, néanmoins, exige des résultats. Cet orgueil teinté de mépris s'illustre jusqu'à l'absurde dans l'opacité des experts en France. Ainsi le nuage de Tchernobyl s'arrête-t-il aux frontières ou les masses d'engrais déversées par les agriculteurs bretons atteignent-elles la nappe phréatique en s'abstenant de la polluer.

Des esprits simples pourraient conclure que de telles attitudes sont vouées à un échec fracassant dans une société devenue si suspicieuse. C'est le contraire. Un tel climat appelle, en effet, un surcroît de prudence. Pour le bien de tous naturellement. Car l'administration ne traite pas des humeurs, elle résout des problèmes. Son aversion pour la contingence est très forte surtout si elle est jugée provenir d'une émotion fondée sur l'ignorance. Or, « *les spécia-listes de la solution des problèmes ont quelque chose en commun avec les menteurs purs et simples : ils s'efforcent de se débarrasser des faits et sont persua-dés que la chose est possible parce qu'il s'agit de réa-lités contingentes* [1] ». Cette remarque d'Hannah Arendt explique comment le fonctionnement de l'Etat peut nourrir la défiance de ceux qu'il est censé servir. Au fond, il s'agit moins de mentir que de différer la vérité dans l'intérêt général. La bonne foi est souvent réelle mais les bonnes intentions ne valent ni crédit ni pardon parce que la méfiance n'épargne plus rien.

La défiance généralisée : une déroute du jugement

Il n'y a plus de domaine réservé de la confiance ou même de la vérité objective. La raison elle-même est devenue suspecte parce que son action ne nous garantit plus le bon-heur : le Progrès n'est plus nécessairement l'avenir. Ce phénomène se rencontre dans tous les pays développés. Néanmoins, il a des conséquences particulières en France en raison de la place que l'idéologie du Progrès occupe dans notre histoire. Descartes fut à l'esprit

---

1. Hannah Arendt, *Du mensonge à la violence*, Agora, 1994.

ce que Richelieu fut à la politique. Ce n'est pas un hasard si leurs écrits sur la place de la Raison sont exactement contemporains. L'Etat moderne et le Progrès sont frères jumeaux en France. La modernité de l'esprit et celle de la société ont grandi de concert et si bien que la liberté nécessaire au premier s'est imposée à la seconde. La quête du progrès de l'esprit est devenue celle du bonheur pour tous et cette métamorphose fut un bouleversement. Le bonheur était une idée neuve en Europe. Sous l'égide de l'Etat, la science s'est ainsi intégrée dans un projet politique supérieur qui donna une extraordinaire légitimité à l'un et à l'autre. Cette association engendra un solide confort vis-à-vis de l'avenir et qui s'est maintenu en France au cours des deux siècles qui ont suivi.

La perte d'une telle confiance n'est pas un changement d'opinion : c'est la dénonciation d'un pacte avec l'avenir. Les Français sont les Européens les plus sceptiques sur la contribution du progrès technique au bien-être des générations futures [1]. La science continue à fasciner les Français mais ils suspectent le progrès technique de devenir sa propre fin ou celle

---

1. « Social values, Science & Technology », Eurobaromètre, juin 2005.

d'une poignée d'intérêts particuliers. Inhumain davantage que fou. « *Il ne s'agit plus de dominer la nature ou la société pour être plus libre ou plus heureux mais de maîtriser pour maîtriser et de dominer pour dominer. Pourquoi ? Pour rien justement, ou, plutôt, parce qu'il est impossible de faire autrement dans des sociétés animées par la compétition de part en part* [1]. » Cette méfiance affecte les jeunes plus encore que leurs aînés et ils se détournent de la science. En France, comme dans la plupart des autres pays avancés, les inscriptions en faculté des sciences ont baissé de 25 % en vingt ans alors que les débouchés bien rémunérés abondent. Peut-être une politique d'immigration sélective palliera-t-elle ce problème d'effectifs : aux Etats-Unis, 40 % des étudiants en doctorat de sciences sont des immigrés de première génération.

Cela ne dissipera pas l'incompréhension grandissante entre la société et les scientifiques dont elle dépend. Les mêmes qui demandent davantage de confort, de sécurité ou de soins refusent les moyens techniques qui y conduisent. Cette contradiction ne pourra pas durer, mais il serait imprudent de conclure que la nécessité assurera la victoire du bon sens. Car il n'est plus du tout « *la chose du monde la mieux*

---

1. Luc Ferry, *Le Syndrome du gyroscope*, Institut Montaigne, décembre 2004.

partagée » à laquelle se référait Descartes. Celui-ci ne visait pas le consensus des opinions mais la communauté de la raison, une démarche d'esprit universelle pour juger des choses. C'est précisément cela qui disparaît lorsque chacun ne s'en remet plus qu'à sa propre opinion. Car, le plus souvent, celle-ci se forme sur le sentiment, voire la rumeur, et non sur le raisonnement pour ne rien dire de la connaissance. Le résultat est donc imprévisible comme le montrent le soutien des Français au nucléaire et leur suspicion envers le génie génétique.

Une telle méfiance est spectaculaire dans la patrie du rationalisme. La science et ses applications sont, en effet, les domaines où la vérité paraît la plus certaine lorsqu'elle est établie. Qu'en ces matières, les preuves, désormais, ne valent pas certitude a de quoi inquiéter. Ce qui est en cause n'est pas le besoin d'information, c'est l'irrationnel pur et simple, celui qui aboutit à ce qu'un vaccin inquiète davantage qu'une maladie mortelle et que les preuves ne valent qu'à charge. « *Ce qui ressort du sens intime n'est plus justiciable du raisonnement. Il y a quelques chimères dans les esprits et une croyance diffuse qu'il est un bienfait de l'homéopathie : le doute profite à l'homéopathie. Ces arguments, du style "Tablons sur quelque chose de bon que la science ne connaît pas ", ont leur antisymétrique dans les arguments sur les dangers de la téléphonie mobile, des OGM et de l'utilisation des cellules souches. Là, certains doutent des expériences qui montrent la bénignité de ces techniques et argumentent que " il y a peut-être quelque chose de mauvais dont la science n'a pas totalement démontré l'absence [1] ". »* Cela montre un besoin de vérité insatiable puisqu'elle n'est recevable que dans la croyance de chacun. La perte de confiance dans le progrès révèle un scepticisme général qui s'exprime dans une subjectivité agressive. Chacun s'érige en juge sur le fond et le bien-fondé de tout, en s'appuyant sur les autorités qu'il veut bien reconnaître. La voyante est aussi légitime que le prix Nobel. Il ne s'agit plus de compétence mais de conviction.

Tel est, pour les Français, le coût de la perte de confiance en un Etat porteur exclusif de la modernité depuis des siècles. C'est pourquoi ce qui est ailleurs une étape de la vie de la société est un tel bouleversement en France. Ce n'est pas le doute qui nous est propre mais sa radicalité.

En effet, en raison du repli de chacun sur son monde, les démocraties produisent natu-

---

1. Philippe Boulanger, éditorial, *Pour la Science*, juin 2004.

55

rellement une sorte d'incrédulité instinctive des citoyens. Celle-ci leur rend plus facile de suivre l'opinion qu'un individu en particulier. La défiance généralisée est l'exaspération de ce phénomène. Elle est, en quelque sorte, l'aspect intellectuel de l'économie de l'infidélité. Combinée avec celle-ci, elle jette un doute universel sur les institutions et tout ce qui est en position d'édicter une norme ou d'orienter l'avenir. La parole d'autorité a peu de crédit : la compétence ennuie. Rien n'est reçu sans revue critique, mais celle-ci n'est pas un cartésien discours du doute méthodique. C'est tout le contraire. Elle est la réaffirmation souveraine de l'individu : « je crois ce que je veux ». Et il entre dans cette affirmation plus de désespoir que de force.

Cette érosion du pouvoir des intelligences avait été anticipée par Tocqueville. *« Ce n'est pas seulement la confiance en tel homme qui est détruite mais le goût d'en croire un homme quelconque sur parole. Chacun se renferme donc étroitement en soi-même et prétend, de là, juger le monde* [1]. *»* Dans un écho contemporain, un dirigeant politique remarque que *« Seule la connaissance est source de pouvoir. Or ce n'est pas*

---

1. Alexis de Tocqueville, *De la démocratie en Amérique II*, Bouquins, 1986.

une valeur montante. Ce qui caractérise notre société est qu'en matière de connaissance tout le monde est sur un pied d'égalité, tous les avis se valent [1] ». Pour discuter de l'énergie nucléaire, il est légitime de mélanger Georges Charpak, une voyante et un écologiste sans formation scientifique : ils ne sont qu'autant de points de vue. La méfiance nourrit ainsi la dictature de l'opinion et qui s'impose jusqu'à la science.

La société de défiance généralisée ne se limite pas à craindre l'avenir parce que plus personne ne le lui garantit. Elle se méfie tout autant du présent et même du passé ! Le profond désarroi des Français face à l'affaiblissement de l'Etat les pousse à d'étranges attitudes. Ainsi, leur acrimonieuse demande d'égalité ignore-t-elle complètement ses propres succès, pourtant considérables. La mesure la plus simple en est l'évolution des écarts du revenu disponible [2]. Le rapport de celui des 10 % les plus aisés à celui des 10 % les plus modestes était de 8,5 en 1956. Il était tombé à 4,7 en 1970, puis 3,7 en 1980, 3,4 en 1990 et 3,3 en

---

1. EuroRSCG, « La société de défiance généralisée », 2004.
2. Il s'agit du revenu disponible, hors revenus du patrimoine, après transferts sociaux, prélèvements fiscaux et sociaux.

2000 [1]. La France est le *seul* grand pays de l'OCDE à avoir connu une telle évolution au cours des dix dernières années : partout ailleurs, les écarts se sont creusés. Depuis 1970, la part des Français vivant sous le seuil de pauvreté – défini comme la moitié du revenu médian [2] – a diminué de moitié. Elle est passée de 12 à 6 % selon un mouvement continu au long des trente dernières années. Il n'y a pas d'astuce statistique : le progrès est le même si l'on relève le seuil de pauvreté de 50 % à 60 % du revenu médian [3].

Depuis trente ans, le pouvoir d'achat des bas salaires en France a augmenté des deux tiers et le nombre de biens d'équipement (voiture, gros électroménager, etc.) par personne a triplé. Cette croissance n'est pas le lointain souvenir d'années fastes. Elle s'est poursuivie sans relâche dans les années 90 puis 2000 et n'a pas d'équivalent dans les pays comparables en Europe. Entre 1991 et 2004, le pouvoir d'achat des Français a crû de 26 %, celui des Allemands de 16 % et de 5 % seulement pour les Italiens [4]. C'est d'autant plus remarquable

---

1. Insee in *L'Etat de la France 2005*, La Découverte, 2005.
2. Le revenu médian est celui qui partage la population en deux groupes de taille égale.
3. « La pauvreté en France », Observatoire des inégalités, juillet 2005.
4. Insee in *L'Etat de la France 2005*, La Découverte, 2005.

que, en trente ans, la durée mensuelle du travail a baissé de 22 heures contre 15 seulement dans le reste de l'Union européenne [1] ! Elle est, aujourd'hui, la plus faible d'Europe [2].

Une certitude d'insuffisance

Ces brillants résultats ne créent pourtant ni gratitude ni confiance. Faute de garantie sur l'avenir, l'inquiétude du lendemain est toujours supérieure au progrès de la veille. Amateurs de records, les Français détiennent aujourd'hui celui de la morosité. Ils sont les Européens les moins satisfaits de leur sort [3]. Cette insatisfaction n'est pas le mécontentement ordinaire d'un peuple réputé râleur mais un profond malaise. Ce n'est pas le moral qui est perdu, c'est la boussole. Inventeurs de la Raison optimiste et du bonheur comme projet politique, les Français affichent désormais l'immobilité désabusée du voyageur qui a raté le dernier train. Il y a un désespoir de la défaite devant la marche des choses. Le monde va sans eux et ils en paraissent si persuadés que leurs dirigeants n'osent plus

---

1. Rapport Pébereau, décembre 2005.
2. *Le Figaro*, 9 mai 2006.
3. « Social values, Science & Technology », Eurobaromètre, juin 2005.

59

leur promettre un destin. De Gaulle avait pu les convaincre que la France avait une place à part dans le monde et Mitterrand dans l'Europe. Aujourd'hui, tout l'effort est de les persuader qu'ils ne sont pas aussi condamnés qu'ils le croient. C'est ainsi que le Medef a consacré son université d'été 2005 au « réenchantement » et son débat à « ranimer l'esprit des Lumières ».

Le lendemain les menace et l'ailleurs aussi, moins par leur hostilité que par l'inaptitude qu'ils s'attribuent. La moitié des Français pensent qu'un accroissement de la mondialisation leur nuirait contre, en moyenne, 28 % des autres Européens de l'Union à Quinze. Ils ne sont que 43 % à penser pouvoir en tirer parti contre 55 % de leurs voisins, y compris ceux dont la situation n'apparaît pas meilleure, comme le Portugal où deux tiers des citoyens sont optimistes à cet égard [1]. Ce qui vaut pour les hommes vaut pour les entreprises. A peine 40 % des Français pensent que les leurs bénéficieraient d'un surcroît de mondialisation contre les deux tiers des citoyens des autres pays de l'Union. 58 % des Français voient dans cette perspective une menace pour l'emploi contre un tiers seulement des autres Européens, fussent-

---

1. Fondation Robert Schuman, *Les Européens en 2004*, Odile Jacob, 2004.

ils aussi touchés par le chômage, comme les Allemands, les Italiens ou les Espagnols ! Au total, un tiers des Français estiment notre économie « trop ouverte » contre moins de 20 % dans la plupart des autres pays de l'Union. Ce n'est pas surprenant puisqu'ils sont la même modeste proportion à juger la France « adaptée à l'économie mondiale » alors que, dans le reste de l'Union, un citoyen sur deux a une opinion favorable de son pays à ce sujet.

C'est cette perception qui s'est exprimée dans le rejet de la Constitution européenne comme l'a établi une passionnante enquête réalisée par la Commission de Bruxelles au lendemain du vote [1]. Très minoritaires sont les électeurs ayant exprimé un vote sanction ou un rejet de la construction européenne. C'est le sentiment d'inadaptation de la France au monde extérieur qui a été le déterminant principal de ceux ayant voté « non ». Parmi eux, 31 % ont jugé la France incapable de s'adapter à une Europe plus intégrée et que « cela aurait des effets négatifs sur l'emploi » tandis que 26 % ont estimé que « il y a trop de chômage, la situation économique est trop mauvaise en France ». *Aucune* autre explication n'atteint le

---

1. La Constitution européenne : sondage post-référendum en France, Eurobaromètre, juin 2005.

Il n'y a pas de malheur français

seuil de 20 %, y compris la crainte d'un texte trop libéral. L'inquiétude des Français vis-à-vis du monde extérieur est intrinsèque et non politicienne. A 80 %, ils se déclarent « inquiets pour leur pays », alors que ce n'est le cas que de la moitié des Britanniques. Ces derniers ne sont que 10 % à craindre pour leur avenir professionnel contre les deux tiers des Français [1]. Aucun élément objectif ne justifie de telles différences.

L'avenir n'est pas français, nos concitoyens en sont convaincus. Ils sont les Européens les plus pessimistes à ce sujet, ce qu'ils expriment par le taux d'épargne le plus élevé du monde. Plus de la moitié des Français déclarent qu'ils ne consommeraient pas davantage si leurs revenus augmentaient. Et leur épargne même porte la marque de leur pessimisme : elle est rentière et vaguement morbide. Les trois quarts vont à l'immobilier, 20 % à l'assurance-vie et moins de 10 % aux actions. Pire : la moyenne d'âge des souscripteurs des plans épargne-retraite est de 38 ans ! Age où l'on s'attendrait à ce que les Français s'endettent pour installer leur famille. Ils préfèrent leur retraite à leurs enfants. C'est leur pessimisme le plus grave : 34 % seulement des Français imaginent l'avenir meilleur pour

1. Christophe Lambert, *La Société de la peur*, Plon, 2005.

leurs enfants contre 68 % – le double ! – des autres Européens [1]. Ne pas croire que demain sera meilleur pour ses enfants est la source et le reflet d'une perte de confiance intime et grave.

Peur de tout et panique d'avenir

Pensant n'avoir ni les moyens que réclame l'avenir ni les vertus que possédait le passé, les Français n'ont nulle part où aller. Du coup, ils élisent domicile dans une attente immobile et angoissée. La peur infecte tous les aspects de leur vie : l'omniprésence du mot « sécurité » en est une preuve accablante. La tonalité dominante que dégage le survol des titres dans un kiosque est celle de la crise et de la menace. Du terrorisme aux déficits publics en passant par la criminalité et les banlieues pour ne pas citer le climat et la sécurité sociale. Tout est désastre en cours ou en gestation. C'est un monde de malheurs établis et non de défis à relever. Le choix de la dramatisation peut être imputé à la presse mais c'est confondre la fièvre avec le thermomètre. Examinez votre vie courante. Il n'est plus guère de geste, d'acte, qui ne soit entouré de précautions et d'injonctions impéra-

---

1. « Social values, Science & Technology », Eurobaromètre, juin 2005.

tives supposées veiller à votre sécurité et, par là même, vous informer des risques que vous auriez naïvement ignorés.

L'hystérie atteinte en France en 2003, au moment du SRAS, a consterné l'étranger. Telle municipalité du Nord a annulé un concert folklorique corse parce qu'il se pouvait qu'un voyageur porteur du virus soit passé quelque part en Corse. A Toulouse, le préfet a dû imposer aux hôteliers d'héberger des Chinois déclarés en parfaite santé par les autorités sanitaires françaises. Cet état des esprits ne fait que trop bien l'affaire des médias qui bénéficient d'une attention sans fin pour les images ou les discours du risque. En deux ans, deux apocalypses médicales virtuelles – SRAS et grippe aviaire – ont colonisé les médias et les esprits à la même échelle que les attentats du 11 septembre. En une matinée de janvier 2005, 71 dépêches d'agence ont commenté la menace de la grippe aviaire qui comptait alors... six victimes dans le monde ! Néanmoins, les médias mettent en scène ce qui existe déjà, selon le mot du dirigeant d'une grande chaîne : « *Nous ne dénichons pas les événements clés, nous les validons.* » Ils sont le reflet des angoisses nationales, pas leur cause. Comme les dirigeants du pays. Vouloir ériger un principe de précaution en principe constitutionnel en dit long sur l'angoisse que ceux-ci perçoivent chez leurs concitoyens mais aussi sur leur résignation devant elle : ils préfèrent concourir que secourir. La prospérité intellectuelle de l'altermondialisme en France depuis quelques années résume notre état. Sur le fond, les sujets soulevés par les « alters » sont parfois parmi les plus graves de notre temps. Mais ce n'est pas la pensée qui en est entendue, c'est le cri, la somme de toutes les peurs. Dans cette forme, l'altermondialisme est un mouvement réactionnaire au sens propre du mot : il ne contient aucun projet mais tous les refus.

Les Français se reconnaissent dans ce triste tableau. Leurs commentaires après l'échec de Paris aux jeux Olympiques ont montré une capacité de dénigrement confinant à un masochisme rebaptisé en lucidité. De manière révélatrice, les attaques indignées du maire de Paris contre la perfide Albion, sujet généralement porteur, ont achevé de ridiculiser leur auteur. Il s'est révélé mauvais joueur, incapable de reconnaître sa responsabilité d'un échec. Surtout, il est apparu comme ignorant la réalité qui avait frappé tous les observateurs. A Singapour, lors des présentations finales, la France était vieille. L'image de Paris n'était pas un jeune champion tonique mais une procession d'élus récitant des discours convenus. Le Premier ministre britannique n'en fit pas mystère qui déclara un peu plus tard : « *Le Royaume-Uni échappe au malaise de la France et, de plus en plus, devient une référence* [1]. » Le choix du maire de Paris de Jeux « modestes » révéla une ignorance dramatique du monde réel qui aime le mouvement, l'ambition et la gagne. A tel point qu'il vit une tricherie dans le choix qu'en fit Tony Blair. De la part d'un dirigeant, ce décalage-là est bien plus grave que l'échec en lui-même. Les Français ne s'y sont pas trompés : ils se sont sentis jugés, plus ridicules encore que battus. Cette défaite de Paris était comme un verdict du monde leur confirmant que la France ne comptait plus.

---

1. Tony Blair : « Discours au congrès du parti travailliste », in *Le Monde*, 29 septembre 2005.

5

Des dirigeants sans direction

Cherche contact, désespérément

Les dirigeants sont donc dans une situation périlleuse : ils ont peu de crédit et de moins en moins la capacité de divertir. L'économie politique du bruit n'a plus cours que Jacques Attali décrivait superbement comme « *faire taire, faire croire et faire oublier* [1] ». Le public est trop inquiet pour s'en laisser conter. Le spectacle est toujours donné, la musique joue à fond mais la salle est vide. Pourtant, il faut être élu. Mais comment, s'il n'y a plus de lien d'idée ou d'autorité ? De quoi peut-on parler qui soit entendu et peut-être cru ?

Il faut à tout prix capter cette poussière fantomatique et toute-puissante qu'est l'opinion. C'est un viatique indispensable, la seule réfé-

---

1. Jacques Attali, *Bruit. Essai sur l'économie politique de la musique*, PUF, 1977.

rence reconnue. C'est aussi un sable mouvant dont il n'existe pas de carte. Car l'opinion n'est plus le point moyen du jugement collectif. Elle est la sédimentation aléatoire de sensibilités individuelles travaillées par la méfiance et la nostalgie. Une vapeur diffuse qui contient peu de jugement et beaucoup d'émotion. Au plus grand dam du dirigeant qui rêve d'atteindre la « réalité » du pays au-delà de ces émois.

D'où un engrenage de désespoirs, chacun étant à la recherche de l'autre « vrai ». « Vrai » dirigeant qui dit des choses « vraies », pour les citoyens. « Vraies » gens pour les politiques, cette majorité silencieuse qui ne se reconnaît pas forcément dans l'opinion publique. Mais chaque camp n'a que le spectacle de l'autre, et il est démoralisant. Chacun se guette en attendant une déception inévitable. Le dirigeant respire lorsque l'opinion est comme d'habitude sceptique mais pas plus hostile. Le citoyen soupire puisque le dirigeant est comme à l'accoutumée dans la posture et non l'action. Il changera à la prochaine élection mais la nouvelle troupe rejouera la pièce. Comment s'étonner qu'un tel spectacle assomme le citoyen téléspectateur et que la première édition de « Star Academy » ait obtenu plus de presse et d'audience que l'ensemble du gouvernement pendant la même période ? Les Français n'aiment pas la politique, vous dit-on...

La morne cohabitation de ce couple d'impuissants n'est interrompue que par de soudaines urgences. Une catastrophe bien sûr. En France, les bonnes nouvelles ne sont jamais des nouvelles selon un adage ancien mais dont l'application médiatique est redoutable. Ce n'est pourtant pas une loi du genre. Dans bien des pays, les médias sont remplis d'événements tout aussi anecdotiques qu'en France mais qui sont de bonnes nouvelles. Elles ont une vertu aussi stimulante que les mauvaises dépressive. Une semaine de lecture de la presse en Chine est une cure d'énergie et de foi en l'avenir, même si les nouvelles ne vous concernent pas. Entendre chaque jour parler de projets courageux, d'entreprises réussies ou de succès mérités finit par vous donner le moral. Le monde vous attend et porte ceux qui s'y aventurent. La presse nationale couvre des nouvelles de village, donnant ainsi le sentiment d'un mouvement général, d'un optimisme du quotidien actif et conquérant. Intox ? Bien sûr ! Non que les succès soient inventés mais leur prix est tu comme le sont les échecs. Est-ce pire que l'inverse, cette litanie de désastres qui nous accable dès le réveil et qui fait oublier les réussites qui parsèment la France? Le résultat est meilleur car, dans les deux cas, l'annonce finit par créer l'effet.

L'intérêt des Français pour les catastrophes n'est pas du pessimisme ou du voyeurisme, c'est de l'ennui : enfin, il se passe quelque chose! Les politiques, en animaux à demi morts de solitude, y flairent un irrésistible fumet de communion collective, le moyen de briser le mur de verre et d'atteindre ces insaisissables « vraies gens ». La mobilisation des dirigeants pour des événements de plus en plus anecdotiques est une mesure de leur désespoir. Un accident d'autocar qui, autrefois, eût à peine fait bouger un maire, mobilise désormais un Premier ministre.

Cette mobilisation ne résulte plus de la gravité de l'événement mais de la valeur de l'instant. Dans une société de défiance généralisée, l'émotion est le principal ressort des comportements, notamment du premier d'entre eux, la méfiance. La grande vertu des catastrophes est que, fugacement, l'émotion rassemble au lieu d'éloigner; un bref moment le dirigeant est légitime. Il est vu compassionnel et actif, illuminé par cette formidable illusion d'être ensemble. Plaisir inouï, un vrai flash d'héroïne et la même intensité de désir. Que nul effet ne s'ensuive est secondaire et d'ailleurs plus ou moins attendu. Pour les citoyens, ce retour à l'ordinaire est sans surprise mais voilé de nostalgie pour ce bref moment collectif où l'action primait la règle. Quant au dirigeant, il subit la douloureuse descente du « trip » et attend anxieusement la prochaine dose. Quitte à la fabriquer. L'hystérie médicale entourant tour à tour le SRAS, la grippe aviaire ou les moustiques est un syndrome de manque dont la dangerosité est connue. Tant pis pour la rigueur scientifique et pour l'angoisse ajoutée à une population passionnée de se faire peur. Tout pour cet instant de légitimité et de confiance.

Le paradoxe atteint là le sublime. Alors même que c'est le discrédit de l'action publique qui les déconsidère, les dirigeants en mal d'amour se jettent sur le totem de tous les Français, l'Etat. Et dont, ce faisant, ils aggravent le cas, car il ne s'agit pas de construire mais de secourir. Le catalogue des primes, secours, allocations, aides et prises en charge ne cesse de s'allonger et devient stupéfiant dans toute l'ambiguïté du mot. Victime de son omniprésence, forcé à répondre à toutes les demandes, et désormais obligé de prendre en charge le moindre bobo, l'Etat n'aide pas les Français à passer à l'âge adulte, il leur garantit

une infantilisation confortable. Cette conséquence est inévitable pour une société qui
demande à l'Etat de la protéger contre les effets
de la démocratie et de l'égalité qu'elle réclame
par ailleurs. « *Au-dessus des citoyens s'élève un
pouvoir immense et tutélaire qui se charge seul
d'assurer leur jouissance et de veiller sur leur sort. Il
est absolu, détaillé, régulier, prévoyant et doux. Il
ressemblerait à la puissance paternelle si, comme
elle, il avait pour objet de préparer les hommes à
l'âge viril ; mais il ne cherche, au contraire, qu'à les
fixer irrévocablement dans l'enfance* », remarquait
déjà Tocqueville [1].

Ce mouvement n'épargne personne et ne
connaît aucune différence partisane. « *Les
grands clivages doctrinaux, ce qui distingue la
droite de la gauche, s'effacent devant leur identique
incapacité à traiter du vrai changement du monde.
Face à celui-ci, chacun réagit selon son cerveau
reptilien et la tradition, bi-partisane, à laquelle tous
ressortissent : l'intervention de l'Etat. Sur le reste,
ils se querellent, mais ces sujets sont ressentis désormais comme sans conséquence sur la vie par les
citoyens. Les débats sont ceux du XIXe et les enjeux
ceux du XXIe* [2]. » Il en résulte une spirale infer-

---

1. Alexis de Tocqueville, *De la démocratie en Amérique II*,
Bouquins, 1986.
2. René Rémond, *Le Figaro*, 6 octobre 2005.

nale : l'Etat déçoit, donc l'Etat promet, donc l'Etat déçoit... L'action publique – l'agitation publique plutôt – devient une machine à ruiner toute confiance. Les citoyens espèrent que l'Etat fera quelque chose, les dirigeants espèrent que les citoyens croiront que c'est le cas et nul ne sait plus où il en est.

L'électeur ne choisit plus, il sanctionne

Cependant, dans son malaise, la société conserve une mesure de son propre jugement : le vote. Et celui des Français confirme le tableau brossé précédemment de citoyens sans autre loyauté qu'au scepticisme et à la critique. Comme toujours, ce n'est pas le phénomène politique qui est propre à la France mais sa radicalité. Il est si fort que Laurent Joffrin n'hésite pas à parler d'une « idéologie du rejet [1] ». Depuis quinze ans, à chaque élection, augmente le nombre de Français qui rejettent tous les projets de gouvernement qui leur sont proposés. En 2006, dans un sondage très approfondi de 5 600 personnes, 69 % des Français déclarent ne faire confiance ni à la gauche ni

---

1. Laurent Joffrin, « L'idéologie du rejet », in Sofres, *L'Etat de l'opinion 2003*, Le Seuil, 2003.

à la droite [1]. Le vote protestataire, y compris
d'abstention, incarne à la fois la défiance
généralisée et, par sa volatilité, l'économie de
l'infidélité. Redoutable cocktail en plein développement. Au premier tour des élections présidentielles de 1981, il représentait 30 % des
électeurs, ce qui n'était pas beaucoup plus
élevé qu'au cours des trois élections présidentielles précédentes en 1965, 1969 et 1974. A
celui de 2002, le vote protestataire en a
concerné 58 % et parfois davantage [2].

L'abstention a triplé pour les catégories les
plus fragiles, passant de 11 à 30 % : les jeunes,
les ouvriers et les employés sont, littéralement,
sans voix. Cette image désespérante est confir-
mée par le fait que les électeurs les plus absten-
tionnistes sont ceux ayant, auparavant, émis un
vote protestataire, à un extrême ou l'autre.
L'abstention a plus que triplé chez les anciens
électeurs du parti communiste, du Front national ou des Verts. Le vote protestataire n'est pas
stable; il exprime un malaise plus qu'une
conviction. Par exemple, le vote Front national
des agriculteurs est tombé de 14 à 5 % entre les
deux dernières élections présidentielles et de 17

---

1. Baromètre politique français, Cevipof & ministère de
l'Intérieur, 15 avril 2006.
2. Sofres, *L'Etat de l'opinion 2003*, Le Seuil, 2003.

à 8 % pour les cadres. Inversement, il a augmenté de moitié pour les ouvriers ou les employés qui ont aussi développé un vote d'extrême gauche qui n'existait presque pas au début des années 90. Il a représenté 22 % du vote des jeunes et 15 % de celui des employés, ouvriers ou professions intermédiaires.

Le rapport au risque : fracture sociale et politique première

Ce comportement électoral traduit de manière spectaculaire la crise de confiance des Français. Non seulement à l'égard de leurs dirigeants mais aussi envers l'avenir et eux-mêmes. En effet, il reflète fidèlement leurs rapports contradictoires avec l'égalité et la concurrence, la sécurité et la réussite. Le clivage politique entre le Privé et le Public est désormais plus fondamental que celui des revenus ou celui de la gauche et de la droite. Car, désormais, c'est la confiance en l'avenir, c'est-à-dire le rapport à la responsabilité et au risque – et donc à l'Etat – qui est au cœur des divisions politiques.

C'est déjà vrai au sein des partis de gouvernement où cela explique les nouvelles lignes de clivage entre la gauche et la droite. Désormais, les cadres du privé sont politiquement plus proches des professions intermédiaires et des classes moyennes du privé que des cadres du public. Le statut de la fonction publique devient une frontière hostile. C'est un privilège aux yeux du privé tandis que les fonctionnaires estiment le payer par le déclassement professionnel qui résulte de leur surqualification systématique. La gauche n'a nulle part autant progressé en 2004 que dans les communes à forte proportion de cadres du public et la droite n'a nulle part aussi bien résisté que dans celles où se trouvent le plus de cadres du privé. Le même phénomène existe pour les classes moyennes dont la polarisation est forte. Celles du privé votent à droite, celles du public à gauche. C'est en leurs seins respectifs que se trouvent les catégories ayant le plus voté Front national (représentants, agents de maîtrise du BTP) et celles ayant voté le moins (enseignants, professionnels de la santé) [1].

C'est tout aussi manifeste dans l'explication du vote protestataire. Qu'il naisse d'un constat d'excès ou de carence, le discrédit de l'Etat et le rapport au risque s'y trouvent au cœur. Des diagnostics et des attentes politiques diamé-

---

1. « Anatomie sociale d'un vote », La République des idées, Note de travail, mai 2004.

tralement opposées peuvent ainsi converger vers un même comportement électoral parce qu'ils ont une racine commune.

Les uns éprouvent angoisse et rancune face à l'incapacité de l'Etat à améliorer leur situation. Ils en espèrent quelque chose avec d'autant plus d'intensité qu'ils ont le sentiment de n'avoir aucun contrôle sur leur propre vie. Ceux-là sont les premiers destinataires des promesses de l'action publique et les premières victimes de son inefficacité. Le cœur du vote protestataire est effectivement constitué par ceux qui ont un emploi et une certaine qualification mais qui subissent une exigence de performance individuelle et son risque sans en bénéficier vraiment. Représentant environ la moitié de la société française, ce groupe est principalement composé des ouvriers et employés du privé dont le vote protestataire est désormais majoritaire : à 65 % pour les premiers et 53 % pour les seconds [1]. Ils sont, typiquement, salariés de PME de services ou de sous-traitance industrielle. Leur pouvoir d'achat stagne tandis que s'accroît l'instabilité de leur emploi. Elle a *triplé* en vingt ans pour les ouvriers et les employés alors qu'elle n'a augmenté que de moitié pour les cadres ou profes-

---

1. Sofres, *L'Etat de l'opinion 2003*, Le Seuil, 2003.

sions intermédiaires [1]. Du coup, l'avenir leur paraît bouché, y compris pour leurs enfants. Ce sentiment est accentué par la perception d'habiter des quartiers qui les pénalisent par leur médiocrité et leur image. Ils se sentent coincés socialement même s'ils ne sont pas des marginaux. Mais ils se voient plus de chances de le devenir que de rejoindre les étages supérieurs de la société. En vingt ans, aucun parti n'aura amélioré leur situation et notamment pas le parti socialiste. En conséquence, seuls 10 % des électeurs s'estimant en régression sociale – c'est-à-dire ayant le sentiment que, sur longue durée, leur situation tend à se dégrader – ont voté pour Lionel Jospin en 2002 [2].

A l'inverse, d'autres estiment que l'Etat n'a plus grand-chose à leur apporter si ce n'est quelques prestations de service, sous réserve qu'elles ne leur coûtent pas trop cher en impôts. Les classes moyennes ou supérieures du privé considèrent la concurrence, la mondialisation et leurs conséquences comme des données du monde auxquelles l'Etat ne peut rien. Leur passage massif vers les métiers de

---

1. « La crise sociale française », *Le Monde*, 22 novembre 2005.
2. Entretien avec François Miquet-Marty, *Le Monde*, 24 février 2006.

service, la mobilité et l'infidélité croissantes des relations avec les employeurs, changent leurs attentes. Ce n'est plus la capacité à se fondre dans un collectif qui fait la réussite. C'est la performance individuelle, reconnue et rémunérée comme telle. D'où un ressentiment envers l'Etat dont la politique redistributive est jugée pénaliser ces mérites personnels en les surimposant au bénéfice de ceux qui n'ont pas un effort comparable à faire. Cela explique le paradoxe apparent de voir un tiers des cadres et professions intellectuelles choisir un vote protestataire [1].

Ainsi, des pans entiers de la société désertent la vie politique et plus : la démocratie elle-même. « *Dans cette atmosphère cotonneuse et angoissée, les partis politiques se vident de leurs adhérents, transformant de facto le suffrage universel en suffrage censitaire. (...) Démocratique en principe, le pouvoir devient oligarchique en fait* [1]. » Le sens d'être ensemble n'est plus évident et ce malaise croît depuis une génération. Rien ne le montre mieux que la passion des anniversaires qui sévit depuis vingt ans. Plus la France déprime, plus elle commémore. Et que célèbre-t-elle ? Ses grands moments de sens collectif

---

1. Laurent Joffrin, « L'idéologie du rejet », in Sofres, *L'Etat de l'opinion 2003*, Le Seuil, 2003.

qui, tous, sont des moments de mouvement et d'action. Les cimetières seuls rassemblent les gens immobiles. Finalement, tel est le mot ultime de notre dépression : « Il ne se passe rien. »

Pourquoi ne se passe-t-il rien ?

Il est certes fort difficile de définir ce que désirent les Français. Ce désarroi engendre chez eux une demande de changement intense mais vague. Trop menace, trop peu déçoit. Ce qui est souhaité paraît moins un lendemain qui chante qu'un hier idéalisé. Le sentiment qui prévaut est la nostalgie, pas l'ambition. Le pays communie dans ce qu'il a été parce qu'il ne l'est plus. Cette préférence pour le passé marque aussi la vie intellectuelle où sévit une célébration de valeurs jugées perdues qui rendaient la vie forte et l'avenir sûr. Il ne s'agit pas d'une réaction autoritaire ; plutôt d'un discours de la décadence qui préconise une forme de restauration. C'est la nostalgie puissante et douce du « bon vieux temps » transformée en discours politique. Un regret fatigué de l'âpreté du monde : l'incivilité des jeunes, la dégradation de l'enseignement, le manque de charisme des politiques, la faiblesse des débats et des convictions... Une pensée crépusculaire, loin de toute aurore. Ces discours n'ont guère de portée pratique mais beaucoup d'effet psychologique : ils renforcent le sentiment d'impuissance et le pessimisme dont ils sont nés. Car ce ne sont pas seulement des vertus civiques ou civiles qui ont disparu mais les qualités morales qui leur étaient associées : le courage, la conviction, la probité morale et matérielle.

Pour les dirigeants, ces attentes paraissent souvent contradictoires et irrationnelles, impossibles à satisfaire autant qu'à ignorer, le pire de la démocratie d'opinion. Il est vrai que, souvent, nos vues diffèrent selon que nous jugeons comme citoyen, contribuable, consommateur ou travailleur. Pourtant, y voir de l'incohérence ou de la légèreté est se méprendre sur la demande. La question est celle du sens – « où va-t-on et pourquoi ? » – davantage que celle de la situation de chacun. Cela explique que tout ce trouble puisse affecter aussi les Français qui jugent leur situation personnelle satisfaisante. A l'évidence, le « où va-t-on ? », ou plutôt « où vais-je ? », reste sans réponse crédible de la part des dirigeants. Les revendications du vote protestataire suscitent une sollicitude navrée, teintée de mépris. L'infidélité et la défiance s'exaspèrent sans susciter de réaction. Censé réveiller les esprits, le vote protestataire ne produit que les formules creuses des extrémistes et les vains apaisements des autres. Finalement il ne se passe rien, ce qui achève de désespérer l'électeur qui se retire dans le silence.

Nulle surprise, dans ces conditions, que les Français soient les Européens les plus sceptiques quant à leur capacité d'influencer leurs dirigeants [1]. Cependant, la plupart de ces derniers n'étant pas candidats au suicide électoral, leur inadaptation à la société qu'ils veulent séduire et conduire est un fascinant mystère. Car critiquer l'incohérence ou l'irresponsabilité des Français est une esquive facile pour ne pas entendre la très simple question qui sous-tend toutes ces demandes : « Pourquoi ne se passe-t-il rien ? »

La première difficulté qu'engendre cette interrogation est qu'elle est comprise par tous les citoyens et par aucun dirigeant. Partout règne une effervescence lourde de sens, de secrets, d'actions décisives et de transformations profondes que le monde s'obstine à ne pas percevoir. Ministres, conseillers, hauts fonctionnaires et parlementaires vous conteront des

---

1. « Social values, Science & Technology », Eurobaromètre, juin 2005.

batailles épiques. Vous découvrirez en les écoutant que la vie de l'Etat se déroule entre Verdun et Roncevaux. « Il est facile d'en rire », diront les intéressés excédés de tant de myopie et d'ingratitude. Hélas, il est aussi facile d'en pleurer. Car, au contraire de cette agitation, l'impression que reflète cette impertinente question est, elle, bien ancrée dans la réalité.

Une spectaculaire impuissance publique

Au cours des vingt dernières années, aucun des problèmes jugés alors essentiels pour l'avenir, et qui le restent, n'a trouvé la moindre solution. Il est utile de rappeler ici ce qu'est une solution. En effet, au prix de la langue française, l'usage s'est établi que l'on « adresse des réponses » aux problèmes. La différence est simple : les solutions traitent les problèmes, les réponses en parlent. Notre richesse dans la seconde catégorie est proportionnelle à notre dénuement dans la première.

C'est ainsi que, depuis vingt-deux ans (septembre 1984) qu'il a passé la barre des 10 %, le taux de chômage est resté au-dessus de ce seuil les deux tiers du temps. La durée cumulée où il fut inférieur ou égal à 9 % ne représente que deux ans sur ces vingt-deux. Dans ces conditions, qu'il soit aujourd'hui dans cette fourchette favorable est certes une bonne nouvelle, mais il est difficile d'en tirer des conclusions définitives sur l'efficacité d'une politique. Le scepticisme des Français peut se comprendre et d'autant mieux que le chômage des jeunes fait de la résistance. Il a dépassé 20 % en août 1983 et s'est maintenu au-dessus de ce niveau les trois quarts du temps depuis, le point le plus bas étant un très médiocre 17,1 % (en mai 1990). Son niveau actuel de 21,4 % n'est donc pas vraiment un triomphe...

Et ce n'est pas l'effort de préparation de l'avenir qui va améliorer la situation. Les dépenses de Recherche de l'Etat sont restées inchangées pendant dix ans : 16,4 milliards d'euros [1] en 2004 contre 16,2 en 1994 [2]. Ce n'est qu'en 2005 que l'effort a repris. Depuis vingt-cinq ans, la dépense par étudiant du supérieur a augmenté de... 0,4 % par an, soit 10 % en tout [3] ! Quant à la dépense d'investissement de l'Etat, elle s'est effondrée, tom-

---

1. NB. *Toutes les données financières du texte sont en euros constants de 2004.*
2. « Recherche et Développement », *Repères et références statistiques*, 2005, Ministère de l'Education, de l'Enseignement et de la Recherche.
3. Rapport Pébereau, décembre 2005.

Des dirigeants sans direction

bant de 9 milliards d'euros en 1994 à 7 en 2004 [1]. Ce n'est pourtant pas faute de moyens. Depuis vingt ans la dette de l'Etat a augmenté de 615 milliards d'euros, soit un quadruplement, et la France s'est « enrichie » de 700 000 fonctionnaires supplémentaires.

La contradiction spectaculaire entre l'abondance des moyens et l'absence de résultat justifie sans appel le sentiment qu'« il ne se passe rien ». Sauf pour un monde de dirigeants clos sur lui-même et qui ne dirige pas grand-chose. La violence de cet échec est aggravée par la place de l'Etat. Le gouvernement ayant pris la place de la Providence, chacun en attend aussi le changement, comme un ultime avatar du service public. Les Français sont un peuple de sœur Anne, scrutateurs passifs mais critiques et qui ne voient rien venir. Au xxıᵉ comme au xvııᵉ siècle, leur insatisfaction collective débouche sur une attente d'action publique.

La sévérité même de ces constats en aggrave le mystère. Réduite à la dépense, l'action publique est à bout de souffle en termes de moyens comme d'efficacité. A toute échelle, les preuves s'en accumulent et qui ne sont pas contestées. Ce constat de carence est confirmé

---

1. Comptes de la Nation, Insee, 2005.

par le désintérêt croissant de pans entiers de la population pour le vote. Les signaux sont donc aveuglants ; ce ne sont plus des balises mais des feux de forêt et dont l'allumage n'est pas récent. Pourquoi donc ne se passe-t-il rien alors que l'intelligence est la seule qualité que les Français accordent largement (74 %) aux dirigeants politiques ? En mettant de côté ceux qui sont irresponsables parce que leur ambition n'est pas de gouverner, les dirigeants français sont lucides. Il suffit de leur parler en privé. Souvent, ils se révèlent alors étonnants de sévérité et de clarté. Et l'on se prend à rêver que l'acteur public, dans toutes les acceptations du mot, n'oublie pas tout à fait l'homme privé. Malheureusement, l'expérience montre que la schizophrénie sévit presque partout. Sa cause est le scepticisme fondamental des dirigeants sur la possibilité d'agir.

L'inaction : un vrai choix politique

Parce que le pouvoir en France a toujours fait l'impasse sur la confiance, notre culture du changement est facilement radicale. La France est un pays d'utopie révolutionnaire et de révolutions réelles. La dérive gauchiste d'une partie de la gauche aujourd'hui est aussi naturelle dans notre histoire que la dérive conservatrice d'une partie de la droite [1]. Ces pensées se rejoignent dans un ailleurs radical et impuissant mais qui pèse son poids de rêve et de regret. D'où la révérence dont les Français entourent ces moments révolutionnaires, fussent-ils vains. Pour les dirigeants comme pour les citoyens ce sont des rêves d'unité, de compréhension retrouvée, au fond, les seuls vrais moments de politique. Lorsque nous en éprouvons à la fois le besoin et l'incapacité, il en résulte ce mélange de nostalgie et d'aigreur dépréciatrice qui nous accable aujourd'hui.

Cependant, il en va de ces rêves comme des films d'horreur : le public aime le frisson mais il ne veut pas vivre l'histoire. Lorsque Jean-Marie Le Pen arrive au second tour des élections présidentielles, c'est la mobilisation nationale. Néanmoins, ce mode de pensée héroïque n'est pas sans conséquence. Il instille l'idée qu'une « autre » politique est possible, qu'il pourrait exister un monde différent et neuf. La réalité recale ces rêves mais leur ressac laisse la grève jonchée de regrets et en attente de la prochaine marée. « Qu'est-ce qui peut changer si tout ne change pas ? » Cette tristesse achève de rendre dérisoires les évolutions qui surviennent et engendre une tentation romantique de la

---

1. Zeev Sternhell, *Ni gauche, ni droite*, Le Seuil, 1983.

ruine [1]. C'est ainsi que l'amélioration sensible de la situation de la croissance et de l'emploi depuis dix-huit mois n'a aucun impact sur le crédit des dirigeants auprès des Français. A tel point que la moitié d'entre eux ne croient pas à ces évolutions [2]! Les mariages de raison n'ont jamais consolé des passions impossibles. Pour qui veut « changer la vie » le seul mot de réforme pèse d'un accablant ennui, fait de prudence, de calcul et de retenue. Toutes nuances de gris insupportables à qui rêve en couleurs. Nul, jamais, ne fut amoureux d'une réforme. Il y a vingt-cinq ans, le candidat Mitterrand a soulevé les foules en annonçant changer la vie tandis que le gouvernement Mauroy les a envoyées voter en face en conduisant les « réformes ».

Les dirigeants politiques considèrent que cet état d'esprit est une loi de la physique, validée par l'expérience désastreuse de tous ceux qui ont voulu y échapper. Une sorte de loi de la pesanteur électorale : ceux qui veulent s'envoler dans le changement s'écrasent dans les urnes. La désastreuse affaire du CPE en aura convaincu les plus sceptiques. Pour autant, la

---

1. Erwan Lecœur, Entretien, *Le Monde*, 19-20 février 2006.
2. Baromètre politique français, Cevipof & ministère de l'Intérieur, 15 avril 2006.

Des dirigeants sans direction

réalité s'impatiente et paraître ne rien faire du tout est également une garantie d'échec. Jacques Chirac le subit durement dont moins de 20 % de son propre parti souhaitait, fin 2006, un troisième mandat [1].

De cette nébuleuse, les dirigeants de toute obédience retiennent avant tout la peur, supposée hanter les Français. Elle est devenue une source féconde d'essais, colloques et articles qui la présentent comme un fait de science et dont les premiers zélateurs sont les politiques eux-mêmes. Cette peur aux origines mal définies est, en effet, une explication plus confortable que le manque de confiance envers eux. Qui sont les véritables apeurés, tant ils sont convaincus que les Français, au fond, ne veulent pas de changement quoiqu'ils réclament. Et cette conviction est la raison fondamentale pour laquelle il ne se passe rien plutôt que quelque chose parce que les dirigeants en tirent un doute radical sur la possibilité d'agir.

---

1. *Le Journal du Dimanche*, 7 janvier 2007.

6

Gouverner, c'est ne pas choisir

Convaincus de cet état d'esprit des Français et de n'y rien pouvoir, les dirigeants s'efforcent de faire avancer les choses en douce, la peur au ventre. L'art du gouvernement s'est inversé : hier, il était de choisir, aujourd'hui, il est de l'éviter. Désormais, décider c'est concilier, jamais exclure. Le mot même est politiquement incorrect : il sent la préférence, la priorité, bref la rupture de l'égalité formelle. Selon la sensibilité du moment, il faut pouvoir affirmer d'une même situation qu'elle évolue ou qu'elle reste identique car, selon la formule de Nietzsche, « *dès que dans la nouveauté on nous montre quelque chose d'ancien, nous sommes rassurés* [1] ». En conséquence de quoi les dirigeants accumulent sereinement les propos les plus contradictoires : « vive la valeur travail » et « oui aux trente-cinq heures », « non au déficit public » et « oui aux

---

1. In Hannah Arendt, *Journal de pensée*, Le Seuil, 2005.

mesures nouvelles », etc. Toute la science du gouvernement consiste désormais à éviter les choix. C'est un travail considérable : ministres, conseillers et fonctionnaires s'épuisent à faire en sorte que tout bouge sans que rien paraisse changer. L'effort en vaut la peine puisque le bénéfice est immédiat – nul affrontement avec quiconque – et le coût différé. D'autres temps, et surtout d'autres personnes, solderont les comptes. Ne pas choisir revient à se faire plaisir aux frais de ses successeurs. Cependant le miracle n'est pas complet : le coût est différé mais il existe bel et bien. Il est même fort élevé. Nous n'avons pas affaire à des dieux mais à des illusionnistes dont l'art repose sur la capacité à tirer des traites sur l'avenir.

Ne pas choisir, c'est payer

Car le prix de ne pas choisir, c'est la dette. En effet, ce n'est possible que, selon une expression américaine, « en jetant l'argent à la tête des problèmes ». C'est ce qui se produit depuis vingt ans. Dans cet intervalle, la seule dette de l'Etat, sans les collectivités locales ou la Sécurité sociale, a quadruplé, augmentant de 615 milliards d'euros auxquels s'ajoutent 85 milliards d'euros de recettes de privatisation, soit 700 milliards d'euros de ressources supplémentaires. Et les prélèvements obligatoires ont continué à augmenter, de 6 milliards d'euros en moyenne chaque année. La France est le seul grand pays de l'OCDE où la pression fiscale sur les salaires a augmenté depuis 2000. Partout ailleurs, elle a diminué dans les mêmes proportions [1]. Tel est le coût du non-choix d'une génération de dirigeants. Et le rythme s'accélère. La croissance annuelle de la dette a doublé de la première décennie à la seconde.

C'est pour cette raison qu'il ne s'est rien passé. Dans la plupart des domaines, la France consent un effort financier parmi les plus élevés au monde pour des résultats parmi les plus mauvais au monde. Car autant d'argent a deux emplois possibles : transformer le monde ou lutter contre tout changement. Ce sont, au fond, des efforts de même ampleur. Pour les premiers, le temps c'est de l'argent. Pour les seconds, c'est l'inverse : l'argent c'est du temps. C'est ainsi que, au fil des années, 75 des 85 milliards d'euros retirés des privatisations ont été utilisés pour combler les déficits des entreprises publiques. Cela a permis de différer le difficile changement de leur organisation ou de leur statut. Ce processus est au cœur de

---

1. OCDE, *Les impôts et les salaires*, édition 2006.

la panne de l'Etat. Ses manifestations les plus criantes, comme l'Education nationale ou la Santé, l'illustrent de manière spectaculaire.

L'Education nationale ou comment dépenser pour ne pas décider

La dépense totale pour l'éducation a doublé en trente ans[1] et il en est pratiquement de même par élève[2]. Cette progression n'est pas due qu'à un passé lointain : depuis 1995 l'augmentation a encore été de 10 % et de 16 % par élève[3]. La part de sa richesse nationale que la France alloue à l'éducation, 6 % du PIB, est une des plus élevées du monde et son inefficacité aussi. Selon le rapport de l'Education nationale sur la sortie du système scolaire en 2004, 20 % des élèves (150 000) sortent sans même un diplôme du secondaire (CAP ou BEP) ; un tiers de ceux-ci n'ont pas atteint la troisième. Leur taux de chômage se situe entre 30 et 50 %[4]. 20 % des élèves de sixième et 6 % de ceux de troisième ne savent pas lire couramment. Selon le même rapport, un tiers seule-

---

1. 56 milliards d'euros en 1975, 111 en 2003.
2. 88 % d'augmentation du budget moyen par élève.
3. *L'Etat de la France 2005*, La Découverte, 2005.
4. Michel Godet, *Le Figaro*, 19 janvier 2006.

ment des élèves rentrant en sixième maîtrisent assez leurs connaissances pour être assurés d'atteindre des études supérieures. Le suivi des élèves sortis en 2001 confirme ce pourcentage. En 2002, lors des tests européens de maîtrise des langues étrangères en fin de troisième, la France est arrivée bonne dernière, avec un niveau inférieur à celui de 1996 [1]. Pourtant, le nombre des enseignants a augmenté bien plus vite que celui des élèves. Depuis 1970, les effectifs des élèves du primaire ont baissé de 7 % mais ceux de leurs enseignants ont crû de 32 %. Dans le secondaire, les bataillons de professeurs ont été multipliés par 2,5 alors que les troupes d'élèves n'ont augmenté que de 20 % [2]. Cela signifie que le nombre d'enseignants par élève a doublé.

La situation n'est pas meilleure dans le supérieur où, cette fois, la France est un des pays les plus pingres. Le pourcentage des bacheliers qui obtiennent un diplôme de licence ou d'une école d'ingénieur n'a pratiquement pas changé depuis trente ans : 31,6 % en 2003 contre 29,3 % en 1970 ! La moitié des étudiants quittent l'université sans diplôme, soit deux fois plus que dans les autres pays de l'OCDE.

---

1. *Le Figaro*, 8 septembre 2005.
2. *L'Etat de la France 2005*, La Découverte, 2005.

Dans ces conditions, l'augmentation rapide du pourcentage d'élèves ayant le bac apparaît sans valeur et même suspecte.

Cette situation calamiteuse a fait l'objet d'une litanie de rapports aussi concordants qu'identiquement inutiles. La seule mesure prise, la seule continuité de l'action publique, est celle de la dépense. Elle satisfait tous les publics, d'autant plus facilement qu'elle n'est assortie d'aucune exigence car l'identification des pannes ne vaut pas accord sur leur réparation. Le diagnostic n'est consenti que s'il n'impose pas le remède. L'échec constant des « réformes » provient de l'impossibilité de remettre en cause des organisations ou des habitudes érigées en méthode. Le refus de choisir prend ici avec majesté sa forme la plus noble : la recherche du consensus. Non que celui-ci soit incompatible avec de vraies décisions comme le prouve la refonte complète de l'Education nationale en Finlande au cours des années 90. Elle y a gagné le meilleur niveau scolaire d'Europe, avec une dépense par élève inférieure de 15 % à celle de la France. Mais cela n'est possible qu'à deux conditions. La première est d'accepter de payer le prix dès maintenant pour que les choses aillent mieux demain. La seconde est que tous les intéressés fassent ce choix. Dans la France actuelle, une telle maturité collective n'est pas une hypothèse raisonnable. Elle l'est d'autant moins que l'alternative consiste, au fond, à ne rien faire, ce qui convient à tous. Il faut seulement que cela ne se voit pas. C'est une difficulté que l'augmentation de la dépense résout efficacement. Chacun peut s'en prévaloir et l'avenir paiera.

La puissance de ce mécanisme de non-choix s'impose même dans les situations les plus graves. Ainsi en est-il de l'éducation dans les quartiers défavorisés. Les élèves y subissent des situations familiales peu propices à l'étude et un environnement dangereusement homogène à cet égard. Dès le plus jeune âge, la fréquentation presque exclusive d'enfants semblables à eux les enferme dans leur milieu. Cela les prive de modèle de réussite scolaire ou professionnelle et leur rend donc très difficile l'insertion dans une société férocement endogamique. Au sein des 20 % de familles les plus pauvres, deux enfants sur trois sont en retard en fin de collège, contre un sur cinq au sein des 20 % de familles les plus aisées. Un enfant appartenant aux 10 % des familles les plus pauvres a sept fois plus de chances d'être en retard en fin de collège que celui appartenant aux 10 % des familles les plus riches [1] !

---

1. Eric Maurin, *L'Egalité des possibles*, Le Seuil, 2002.

Lutter contre cet engrenage social est vital comme l'ont montré les événements de novembre 2005. En 1982, ont été créées à cette fin des « zones d'éducation prioritaire » (ZEP). Il s'agissait, pour une durée limitée, d'y allouer davantage de moyens, de réduire les classes et de mieux payer les enseignants jusqu'à ce que soit résorbé le plus gros de l'écart de niveau. Cette politique représentait donc un vrai choix. Pas pour longtemps.

A l'origine, il s'agissait de faire porter l'effort sur une population très ciblée représentant 8 % des écoliers et 10 % des collégiens. En 1997, ces pourcentages avaient déjà augmenté de moitié. En 2005, ils ont doublé et sont respectivement de 18 et 21 %[1]. Un mauvais esprit pourrait penser que « le niveau baisse »... C'est plutôt la capacité de décision qui rejoint sa pente naturelle du non-choix subventionné. Il en résulte une dilution croissante de l'effort qui est donc de moins en moins efficace, ce qui entraîne la pérennité de l'échec scolaire et du statut de ZEP.

En 2005, le budget par élève de ZEP n'était que de 5 % supérieur à la moyenne – soit

---

1. « ZEP. Quels moyens pour quels résultats ? » Documents de travail du CREST, n° 38, 2003, et aussi *Le Monde*, 10 décembre 2005.

30 euros par mois [1] ! – ce qui est dérisoire en regard de l'écart de niveau et du handicap social. L'effort consenti pour ces élèves qui concentrent le gros de l'échec scolaire des écoles et des collèges n'en représente que 1 % du budget total. Les Pays-Bas, qui ont mis le même outil en place, augmentent les moyens de 50 % par élève dans ces zones. En France, un quart de cette aumône va aux enseignants pour une modeste prime (100 euros par mois !), le reste – un euro par écolier et par jour – sert à augmenter les heures d'école. En pratique, leur augmentation est entièrement imputable à la légère baisse de la taille des classes. Toutefois, celle-ci n'a baissé que de deux élèves, faute de sélectivité et donc de budget. Pourtant l'expérience montre qu'il faut atteindre cinq élèves de moins pour obtenir des résultats marquants. Une telle baisse entraîne, en effet, une réduction de 45 % de l'écart de niveau [2]. Enfin, le recrutement des enseignants n'a pas changé. Ces classes les plus difficiles continuent à compter la plus forte proportion de professeurs débutants qui cherchent à en partir au plus vite. Sans compter l'étrange géographie de ces ZEP, qui accueillent 40 % des

---

1. *Le Monde,* 22 novembre 2005.
2. « Education : les promesses de la discrimination positive », *Le Monde,* 21 février 2006.

élèves de la Nièvre mais 20 % seulement de ceux de la Seine-Saint-Denis [1]... Au total, l'amélioration est nulle : les résultats des ZEP n'ont pas changé depuis 1982 ! Le taux d'échec en CE2 est toujours le double de celui connu ailleurs et celui de redoublement en cinquième de moitié plus élevé [1]. L'importance de l'éducation pour l'obtention d'un emploi augmentant sans cesse, les familles cherchent plus que jamais à éviter ces établissements dont le niveau de recrutement social continue donc à baisser.

La gravité de la situation, l'échec constaté du saupoudrage n'ont pas réussi à prévaloir contre le non-choix. Pourtant, tout le monde s'accorde sur le sérieux du problème et la nécessité de concentrer les moyens. Mais concentrer c'est choisir donc exclure, c'est-à-dire affronter le mécontentement et l'envie des familles, des élus et de la bureaucratie qui préfèrent une neutralité inefficace à une sélectivité utile. Il aura fallu des émeutes pour que le dossier soit rouvert. Des moyens supplémentaires ont été alloués et une nouvelle catégorie d'aides a été créée : des ZEP de ZEP en quelque sorte. Sans affecter celles qui existent, bien sûr.

---

1. *Le Monde*, 10 décembre 2005.

La Santé publique : un monument à la lâcheté

La Santé publique offre un tableau similaire. La France est le pays d'Europe dont la consommation médicale est la plus élevée *et* celui où elle augmente le plus rapidement. Le nombre de médecins pour cent mille habitants a triplé en trente ans. La dépense de santé par habitant a quadruplé depuis 1970 et doublé depuis 1980. Depuis 1996, le taux de croissance annuel des dépenses de l'assurance-maladie est en moyenne le double de celui qui est prévu et voté [1]. Le dernier rapport de la Cour des Comptes sur la Sécurité sociale, paru en mai 2005, indique que « *la consommation de médicaments par habitant en France, est 2,5 fois celle du Danemark, deux fois celle des Pays-Bas ou de la Suède, de 50 à 80 % supérieure à celle de l'Allemagne ou du Royaume-Uni* [2] ». La dépense de soins de ville a crû d'un tiers de 1998 à 2003. Selon la Caisse nationale d'assurance-maladie, elle pourrait être réduite de 15 % sans effet sur la santé publique. Un vœu pieux ? En France assurément, où la part de la richesse nationale consacrée à la santé est passée de 7,4

---

1. *L'Etat de la France 2005*, La Découverte, 2005.
2. Rapport de la Cour des Comptes sur la Sécurité sociale, in *Le Monde*, 15 septembre 2005.

à 9,7 % entre 1980 et 2002. Ce n'est pas en raison d'une demande insatiable mais d'une lâcheté inépuisable. Car, durant ces mêmes années, ce pourcentage est resté stable en Suède ou en Autriche et a nettement baissé au Danemark.

Quant à l'hôpital public, il cristallise le coût du non-choix jusqu'à en mourir. Par exemple, contrairement à une idée reçue, l'hôpital public ne manque pas de personnel, il en a trop. Mais il est paralysé par une segmentation des tâches d'une minutie digne de l'étiquette de la cour de Louis XIV[1]. C'est pourquoi il y a deux fois plus de personnel dans un bloc opératoire public que privé[2]. « *Sur les 80 % d'activités qu'ils ont en commun, les hôpitaux publics ont des coûts supérieurs d'au moins 30 % à ceux du privé* », dit Jean de Kervasdoué, ancien directeur des hôpitaux et un des meilleurs experts français du domaine. Comme dans l'Education nationale, le diagnostic est connu mais la logique du non-choix s'impose pour les mêmes raisons. Gérard Vincent, ancien patron de CHU et président de la fédération hospitalière de France, souligne que « *Certains directeurs reconnaissent qu'ils pour-*

---

1. Jean de Kervasdoué, *L'Hôpital vu du lit*, Le Seuil, 2004.
2. *Le Figaro*, 19 septembre 2005.

*raient réduire les effectifs mais ils ne le feront
jamais, fût-ce par non-renouvellement. Il est beaucoup moins risqué de ne rien faire que de faire quelque chose* [1] ». Les acteurs sont nombreux et
souvent démagogues. Ainsi voit-on couramment des élus locaux expliquer à leurs concitoyens qu'il est contraire à leur santé et à leurs
« droits » de fermer l'hôpital du lieu, alors que
celui-ci ne pratique pas un nombre suffisant
d'actes pour les réaliser en toute sécurité. La
conjonction des syndicats et de la lâcheté des
dirigeants aboutit à une prolifération réglementaire de type soviétique. Il n'y a pas moins
de 42 familles de règles concernant la sécurité.
Leur nombre assure qu'elles ne sont ni
connues ni appliquées. Pourquoi? Mais parce
que l'axiome du non-choix des dirigeants
nationaux est repris à tous les niveaux. Comment attendre du courage de ceux auxquels la
lâcheté est prêchée par l'exemple?

Et ne croyez pas qu'ils soient inconscients. A
l'hôpital comme ailleurs, une bonne partie des
fonctionnaires mesure que le service rendu ne
correspond pas au mieux de l'intérêt général.
Mais au nom de quoi devraient-ils sacrifier
leur confort et leur facilité pour pallier
l'absence d'un pouvoir qui ne s'exerce pas?

---

1. *Le Figaro*, 19 septembre 2005.

Pire : qui est convaincu qu'il ne peut pas s'exercer et qui voit dans l'absence de choix le fin du fin de la politique. Ce pouvoir-là a quelque similitude avec un parrain sicilien qui, par l'argent, achète le calme et pallie les conséquences de son attitude. Encore faut-il que ce soit possible. Si les dirigeants français parviennent à figer l'Etat, ils ne peuvent pas grand-chose au monde réel dont ils sont de plus en plus éloignés. Et c'est pourquoi l'idéologie du rejet traverse toutes les couches de la société : les élites ne sont pas moins sévères que les plus modestes.

Le refus du choix, cœur de la fracture politique entre Privé & Public

Le doute des politiques sur la possibilité d'agir est, en effet, la cause d'une hostilité grandissante de la part des dirigeants économiques. Les entretiens réalisés par EuroRSCG avec des dirigeants d'entreprises produisent un redoutable florilège de leur exaspération [1]. L'un évoque « *une inculture économique globale du monde politique* » ; un autre juge que « *il y a trois ou quatre hommes politiques d'envergure nationale qui s'intéressent à l'entreprise, pas plus* ». Nul ne

---

1. EuroRSCG, « La société de défiance généralisée », 2004.

s'offusque que les dirigeants politiques aient perdu leurs moyens traditionnels comme le contrôle des prix ou des changes; le monde évolue. L'action publique serait restée crédible si elle avait inventé de nouveaux instruments.

Mais l'imagination est en panne : rien n'est venu remplacer les remarquables outils créés il y a quarante ans. Nous vivons sur leurs succès : Ariane, Airbus, Pasteur Vaccins, les filières microélectronique ou nucléaire constituent le fer de lance de nos exportations et de notre notoriété dans les hautes technologies. Toutes sont filles d'entrepreneurs et d'une action publique imaginative, active et patiente. Où sont leurs successeurs dans les logiciels, les bio- ou nanotechnologies et les nouveaux matériaux? Des institutions désuètes sont maintenues faute d'oser les supprimer et surtout d'idée nouvelle. L'action publique en est discréditée. « *L'homme politique a une forte tendance à la démission en se réfugiant derrière Bruxelles ou la mondialisation.* » Pire : « *En France, l'incapacité d'agir se solde par la volonté d'empêcher d'agir.* » Echo sévère à Tocqueville, qui écrivait, il y a cent cinquante ans : « *L'administration préfère la stérilité à la concurrence* [1]. » Et l'absence

---

1. Alexis de Tocqueville, *L'Ancien Régime et la Révolution*, GF, 1988.

d'imagination n'est pas remplacée par un supplément de caractère. « *C'est un problème d'homme et de courage.* » Au total, concluent-ils, « *il y a une grande responsabilité des politiques dans l'immobilisme français* ».

Cette sévérité n'est pas le jugement doctrinaire du « privé » sur le « public » mais celui de responsables envers ceux qui ne le sont pas. Profond est leur ressentiment envers un Etat obèse, impotent et lâche qui gaspille des sommes colossales pour assurer son immobilisme plutôt que leur mouvement. Le procès n'est pas celui de la dépense publique mais de son inefficacité. Il leur est insupportable que, en vingt ans, 700 milliards d'euros (!) de dépenses supplémentaires n'aient pas bâti un système éducatif et universitaire moderne qui assure un emploi aux jeunes ; une administration rénovée, avec des fonctionnaires moins nombreux, bien équipés, bien payés et plus responsables pour ne rien dire d'un système de recherche à la hauteur des enjeux et des talents qui s'expatrient. Car, in fine, l'argent si mal employé a pour principale origine le travail des entreprises et de leurs employés. Celui-ci se fait sous la menace permanente de la concurrence, de l'échec et du chômage qui impose à tous un effort continu d'adaptation. Le gaspillage d'une ressource si durement acquise est une insulte au quotidien et à l'avenir de tous.

Aux yeux des patrons et des salariés d'entreprise, l'inaction est la plus impardonnable et la plus incompréhensible des fautes. Eux-mêmes en sont prémunis par nature. Quelle que soit la taille de l'entreprise, ils *doivent* agir. La réalité de chaque instant les prévient contre toute tentation contraire et leur en ôte même l'idée. Demain est un objectif, pas une solution. Tous les pays qui ont rénové leur système public ont rendu leurs fonctionnaires plus autonomes et plus responsables. Ils leur ont ainsi donné ce sens de la réalité immédiate qui force à agir parce que l'on en est en charge et comptable. Et de telles réformes se trouvent dans des pays aussi différents que la Suède, le Canada, le Royaume-Uni, ou la Chine.

En France, l'absence d'une telle exigence rend les chefs d'entreprise sceptiques sur les « réformes » fièrement brandies par les politiques. Jamais ne s'y trouve cet impératif du présent immédiat. Le tempo des patrons est dur, pressant. La dilatation infinie de celui des politiques français leur est une extravagance d'autant plus manifeste qu'elle est sa propre fin. Elle est inaction, non pas action autrement :

il ne s'agit pas de changer d'esprit mais d'aménager l'existant en de précaires équilibres. Au prix d'une complexité et d'une dépense toujours croissantes. Caricature ? Hélas, non. Voyez tant de mesures prises récemment. Le système de la recherche publique est trop fragmenté ? Créons un nouvel organe pour le coordonner au-dessus de celui inventé il y a quarante ans. Il n'aide pas assez l'innovation ? Inventons, comme il y a trente ans, une agence pour pallier ses carences. L'argent est peut-être mal alloué ? Instaurons un haut comité d'évaluation. Les charges obèrent l'emploi des moins qualifiés ? Allouons des subventions pour les abaisser artificiellement. Les niveaux d'administrations sont trop nombreux ? Ajoutons des instances de liaison.

Affligeante par elle-même, cette situation l'est plus encore en regard des espoirs créés il y a vingt ans. Emmenés par la France et l'Allemagne, les Etats européens paraissaient alors en train d'inventer un mode de développement original, capable d'assurer tous les changements nécessaires mais à un rythme soucieux des coûts humains. Telle était la modernité de l'action publique et l'ambition du Maître des Horloges [1]. Face au temps court et affolant

---

1. Philippe Delmas, *Le Maître des Horloges. Modernité de l'action publique*, Odile Jacob, 1990.

des marchés, à la brutalité souvent myope qui en résulte, l'Etat devait assurer une métamorphose continue et sûre. Il ne s'agissait pas d'ignorer ou de contourner les logiques économiques mais de leur donner le temps qu'elles ne possèdent pas spontanément. Les restructurations industrielles du Japon dans les années 60 et 70, celles de la France dans les années 80 qui engendrèrent Arcelor ou Renault-Nissan en furent de bons exemples. C'était une logique d'érosion – celle qui façonne les paysages – plus que d'explosion. La puissance du fleuve plus que la fureur de l'explosif. Mais le fleuve est à sec. Le sentiment qu'il ne se passe rien n'est pas une illusion contrairement à celui du promeneur qui ne perçoit pas l'érosion au travail sur le paysage. L'Etat devait s'inscrire dans la durée, il s'est évaporé dans l'éternité.

Pourtant, une des grandes leçons des vingt dernières années est bien l'impérieuse nécessité d'un Maître des Horloges et d'une action publique efficace au long cours. Car telle est sa vertu spécifique par rapport aux marchés. Elle seule a la ressource de patience, y compris financière, qu'exigent les fondations de l'avenir. Investir dans les infrastructures, l'éducation ou la recherche, accompagner les mutations sociales, ne relève pas des marchés. Nulle coercition et nulle réglementation n'y feront rien. Le sujet n'est pas de changer la nature des marchés mais de rendre son rôle à l'action publique. Le paradoxe inattendu est que les dirigeants du privé l'ont bien mieux compris que les politiques et le leur réclament impérieusement. Ils ne tolèrent plus une classe dirigeante de l'Ancien Régime.

La question n'est donc pas l'amenuisement radical de l'action publique, à l'américaine, ou son assimilation à celle de l'entreprise, à la britannique. Encore que l'une et l'autre savent s'affranchir des dogmes avec pragmatisme. Le gouvernement américain finance aujourd'hui la recherche en biotechnologie aussi massivement et aussi intelligemment qu'il le fit pour la micro-électronique il y a trente ans. Ses concours à cette industrie naissante sont 57 fois plus élevés que ceux de l'Etat français [1] ! Quant aux pouvoirs publics britanniques, ils sont discrètement responsables de la moitié des créations d'emplois depuis six ans... Néanmoins, ces deux pays anglo-saxons font le postulat implicite que, sauf exception, l'action publique n'est pas capable d'efficacité : les Etats-Unis la croient

---

1. « Désindustrialisation et délocalisation », rapport du Conseil d'analyse économique, 2005.

inutile et le Royaume-Uni inefficace. Un même constat pourrait finir par s'imposer en France mais ce serait un pessimisme par erreur. Car le problème n'est pas le bien-fondé de l'action, c'est l'action elle-même, inexistante par incapacité à prendre un parti.

Ainsi passe le temps, acheté à coup d'annonces inconséquentes, de non-décisions théâtrales et, surtout, d'argent public. De beaucoup d'argent public, emprunté le matin pour aller jusqu'au soir en tâchant de renvoyer le paiement à demain. D'immenses ressources intellectuelles et financières sont investies depuis vingt ans pour que rien n'arrive. De ce point de vue, c'est une réussite. Ne pas choisir durant si longtemps fut un luxe inouï mais qui n'a rien construit. Le moment est venu d'en assumer le coût et, forcément, c'est aussi le moment où nous n'avons plus les moyens d'en amortir les conséquences. Ainsi voit-on disparaître, en pleine émeute des banlieues, 300 millions d'euros de crédits pour celles-ci par une simple décision des services du Budget. Ni provocation, ni bêtise : seulement la montée inexorable de la nécessité. Ces crédits-là ont été rétablis, d'autres disparaîtront. Les uns après les autres, les innombrables bénéficiaires de l'axiome du non-choix se retrouveront devant les traits de cette même plume anonyme

111

et liquidatrice. Un colossal sentiment d'injustice et d'incompréhension en résultera.

A cet égard, il flotte sur la France un étrange sentiment de fin de règne. Qu'ils aient ou non une connaissance précise de la situation, les Français ont l'instinct que le système est aux abois. Ils subissent avec résignation la prolifération bureaucratique qui leur est infligée pour leur bien mais acceptent de moins en moins l'inefficacité. Ils la constatent lorsque une commune se voit refuser un commissariat parce que la réglementation exige sept policiers par poste (!) pour assurer la continuité du service. Ils la rencontrent lorsqu'ils doivent attendre deux heures à l'hôpital avec leur grand-mère parce qu'un règlement interdit à un garçon de salle de la déplacer sans une infirmière. Ils voient que le service public se tiersmondise et qu'il est de moins en moins le service du public. Dans presque tous les domaines, la sévérité des jugements portés sur l'administration est sans appel. Cette critique est un sport national de haute volée pratiqué d'autant plus librement qu'il est sans conséquence. Des dizaines de rapports se sont succédé, tous remarquablement similaires dans leurs diagnostics et leurs propositions. Mais là aussi – là d'abord – il ne se passe rien.

Gouverner, c'est ne pas choisir

Ne pas choisir, c'est renoncer à la politique

Cependant, toute justifiée qu'elle soit, la critique ne doit pas confondre l'outil et l'ouvrier. L'administration fait ce que son nom lui prescrit. Souvent mal et à l'excès sans doute. Néanmoins, ses pouvoirs tentaculaires et ses règles souvent absurdes n'ont pas pour cause première les ambitions des bureaux. Ce pouvoir n'est pas conquis, il lui est abandonné. En 1850, déjà, Tocqueville décrivait l'étrange faiblesse dont les politiques sont saisis face à leurs administrations. « *C'est un spectacle qui frappe de voir comment ce gouvernement si envahissant demeure interdit à la moindre résistance et comme alors il s'arrête, il hésite, parlemente, prend des tempéraments et demeure bien en deçà des limites naturelles de sa puissance* [1]. »

Ici plus qu'ailleurs, le non-choix est un axiome d'une rigueur mathématique. Il n'est pas concevable de se poser la question que se sont posée les plus protecteurs de nos voisins, comme les Scandinaves : quelles sont les tâches qui justifient le statut de la fonction publique ? Que les juges, les policiers, les militaires, les agents des impôts soient fonctionnaires ne fait

---

1. Alexis de Tocqueville, *L'Ancien Régime et la Révolution*, GF, 1988.

Il n'y a pas de malheur français

de doute nulle part. Mais pourquoi les infirmières, les chercheurs, les techniciens de l'Education nationale ou les secrétaires de mairie devraient-ils l'être ? Rien ne le justifie, sinon une lâcheté institutionnalisée qu'un long usage a transformée en « sagesse » politique. On arrive ainsi à ce que la loi *interdise* aux élus locaux de recruter du personnel privé sous contrat sauf à prouver qu'il était impossible de recruter des fonctionnaires pour cette tâche [1]. Il n'est donc possible ni d'ignorer les nouveaux besoins de la société ni d'adapter en profondeur l'organisation de l'Etat. La seule réponse est la dépense et qui ne peut que croître.

Les Français sentent tout cela. Ils ne sont certes pas des libéraux échevelés comme le montre leur amour de la fonction publique. Pour autant, ils ne croient plus les dirigeants qui leur parlent de changement mais agissent aujourd'hui comme hier tout en promettant mieux pour demain. La question n'est ni administrative, ni sociologique mais politique. Et, de fait, le jugement des Français ne porte pas sur la technique des causes ou des remèdes mais sur la carence des dirigeants. Comment ont-ils pu agir ainsi ? La réponse est donnée par Hannah Arendt : « *Les trompeurs ont commencé par*

---

1. René Rémond, *Le Figaro*, 6 octobre 2005.

s'illusionner eux-mêmes. Comme, de toute façon, ils avaient choisi de vivre à l'écart des réalités, il ne leur paraissait pas plus difficile de ne pas prêter attention au fait que leur public refusait de se laisser convaincre que de négliger les autres faits [1]. »

Ainsi, s'il ne se passe rien en dépit de l'énorme activité de la bureaucratie, c'est pour une raison en amont de celle-ci. C'est parce que l'action politique a été confondue avec l'administration et la décision avec la procédure. Ce n'est ni un égarement ni un lapsus, mais le résultat d'une attitude délibérée. Le refus du choix est, par définition, le refus de la politique. Et donc, par défaut, le règne de l'administration.

---

1. Hannah Arendt, *Du mensonge à la violence*, Agora, 1994.

7

Le gouvernement de Personne

Que le pouvoir renonce le plus souvent à choisir est une chose. Qu'il ne se passe rien lorsqu'il décide, en est encore une autre. Qu'est-ce qui rend l'action politique si difficile en France ? Par exemple, depuis quelques années, des ministres ayant des compétences sur le fond ont été nommés à la tête de grands ministères. Plusieurs ont découvert en échouant que la politique est un métier. Cependant, certains ont soulevé de vrais problèmes et entrepris de les résoudre. Avec des peines infinies, ils ont procédé à de réelles réformes. La plupart sont aussi considérables à la mesure de leurs efforts que marginales à celle de leurs effets. Cet écart est la source d'une frustration générale où les dirigeants savent le travail réalisé et les citoyens jugent qu'« il ne se passe rien ». Quel est l'acide si puissant qui ronge les décisions jusqu'à l'immobilité ?

La procédure.

Il n'y a pas de malheur français

La procédure est à l'action ce que l'outil est au projet et l'autorité au pouvoir. Leur lien est essentiel mais de subordination. La confusion des deux est toujours un signe de faiblesse. Or, aujourd'hui, en France, il est de plus en plus difficile de distinguer l'action politique de la procédure administrative. Celle-ci constitue comme un immense réseau de canaux ensablés où la décision se perd, quel que soit son élan initial. Seules, parfois, des crues exceptionnelles permettent qu'arrive un peu d'eau...

La prudente réserve de l'administration est un incontestable facteur d'ensablement. « *Avant d'être élu, je pensais que sept ans, c'était bien assez, qu'en sept ans je pourrais faire bouger, évoluer le pays. Et puis, une fois en place, j'ai mesuré tous les obstacles qu'il fallait surmonter, contourner, le plus terrible étant la résistance passive de l'administration, rétive au seul mot de changement* », constatait François Mitterrand [1]. Ce conservatisme s'explique en partie par le rôle de l'administration qui est de veiller au respect des règles et au bon ordre des choses. Une telle mission n'incite pas à l'agilité intellectuelle ou organisationnelle. Elle n'est pas non plus incompatible avec l'efficacité : de nombreux exemples le montrent.

---

1. Jacques Attali, *C'était François Mitterrand*, Fayard, 2005.

Le gouvernement de Personne

Néanmoins, en France, cette caractéristique intrinsèque est aggravée par la place de l'administration depuis près de quatre siècles. Elle *est* l'ordre et la règle et ne supporte guère qu'on le conteste. « *Ce qui caractérise déjà l'administration en France, c'est la haine violente que lui inspirent indistinctement (...) tous ceux qui veulent s'occuper d'affaires publiques en dehors d'elle* [1]. » Avant d'être un corporatisme, son conservatisme est un orgueil.

Légiférer plutôt qu'agir
ou l'esprit même de l'Ancien Régime

Cependant, la dilution de l'action politique dans la procédure ne peut pas se résumer à l'obstruction bureaucratique. Parfois, le conservatisme des administrations est aussi une espèce de sens de la continuité. Car une cause fondamentale de la dilution du pouvoir dans la procédure est l'instabilité réglementaire et législative de la France. Selon le Conseil d'Etat, paraissent, en moyenne, *chaque année*, 15 000 décrets. Quinze mille... Les codes du travail et des impôts comptent chacun plus de 2 000 pages

---

1. Alexis de Tocqueville, *L'Ancien Régime et la Révolution*, GF, 1988.

dont plus de 200 changent chaque année [1]. Le code de la route a connu 360 modifications depuis 2000. Le nombre de lois votées chaque année n'a guère augmenté depuis trente ans au contraire de la complexité des textes. Le bulletin des lois est passé de 912 g pour 78 lois en 1970 à 3266 g pour 40 lois en 2004. Certaines atteignent 100 voire 200 pages ce qui aggrave la nuisance de leur instabilité [2]. En moyenne, le cadre législatif de l'enseignement est modifié tous les trois ans, celui de l'action pour la ville tous les deux ans et tous les dix-huit mois en ce qui concerne l'emploi, notamment des jeunes. Cela ne laisse aucune chance à chacun de montrer ses qualités et ses défauts.

Cette gesticulation législative dévalue la loi elle-même et fait de l'administration une machine à brasser des textes plutôt qu'à en conduire une mise en œuvre efficace. Souvent, les lois ne sont pas appliquées faute de décrets d'application, retardés par leur nombre même. Selon un récent rapport du Sénat, 20 % des 1000 lois votées depuis 1981 ne sont pas entrées en vigueur [3]. Sur l'année parlementaire 2004-2005, 16 % seulement des lois votées nécessi-

---

1. Conseil d'Etat, rapport annuel 2006, La Documentation française.
2. *Le Monde*. 4 décembre 2005.
3. *Le Monde*, 4 décembre 2005.

tant un suivi réglementaire l'ont obtenu. Plus de la moitié n'ont eu *aucun* des décrets qui leur auraient été nécessaires. En moyenne, ils sont prêts un an après le vote de la loi, lequel intervient un an après la confection du texte. L'ensemble prend donc à peu près le temps qui amène au début d'un nouveau changement.

Cette accumulation des règles est jumelle de celle de la dette. Toutes deux racontent la démission du pouvoir face à l'action c'est-à-dire au jugement et au choix. La démission est un processus cumulatif selon le même mécanisme que le mensonge. Leur moteur commun est la facilité, c'est-à-dire la préférence infinie pour le présent. Dans un grand Etat, cette préférence a un coût certain mais jamais immédiat au contraire du bénéfice. C'est un euphorisant partagé par tous. Aux dirigeants, elle assure la tranquillité, aux citoyens le confort. Et à tous ceux qui viennent derrière des années difficiles. Mais qui s'en soucie? Le plaisir est aujourd'hui et pour soi, la contrainte demain et pour d'autres. Quel dirigeant a aujourd'hui le sentiment – au sens plein, affectif, du mot – d'emprunter l'argent de ses enfants? Nul ne le tolérerait en sa famille qui le fait avec bénévolence dans sa fonction.

Il n'y a pas de malheur français

L'accumulation des textes est aussi sévèrement jugée par les observateurs extérieurs que celle de la dette. Ils en dénoncent l'inefficacité et le risque d'atteinte à nos droits, surtout lorsqu'il s'agit des libertés. C'est ce qu'a constaté, fin 2005, le rapporteur du Conseil de l'Europe sur le respect des droits de l'homme en France, leur supposée mère patrie. *« La France est affectée d'une véritable prolifération législative. (...) A chaque fois que surgit un nouveau phénomène de société qui pose problème, le législateur tend à légiférer rapidement pour y réagir. (...) Cette multiplication de textes risque de créer un problème d'insécurité juridique car les professionnels du droit ne disposent plus du temps suffisant pour se préparer à l'entrée en vigueur de nouveaux textes. (...) Une pause semble nécessaire dans la pluie législative*[1]. » Cette complexité engendre un arbitraire bureaucratique kafkaïen car il finit toujours par se trouver un texte qui permet la décision souhaitée. Pour autant, nul dirigeant ne prend la décision d'en réduire le nombre. Au contraire : réglementer c'est agir, déréglementer c'est céder à un lobby. Pourquoi se mettre en peine ? Que les textes soient inapplicables ou inappliqués, n'a guère d'importance : cela se verra plus tard... et pro-

---

1. Rapport sur le respect des droits de l'homme en France, *Le Monde*, 14 février 2006.

duira d'autres textes. L'essentiel est d'avoir paru actif.

Exaspérés et embrouillés, les fonctionnaires finissent par conduire les affaires comme ils l'entendent. Cela correspond parfois à des intérêts corporatistes mais souvent à la volonté de faire au mieux. Créateur et toujours saint patron de notre pouvoir administratif, Louis XIV en avait prévenu le Dauphin dans les instructions qu'il lui laissa. « *On peut trouver des gens fidèles et sages qui, sans pénétrer dans vos desseins, ne vous tromperont point sur le détail des choses. Mais si leurs vues et inclinations sont différentes des nôtres, ce qui ne manque jamais d'arriver, ils nous tromperont par affection. Ce sera alors pour le bien de l'Etat entendu à leur fantaisie, qu'ils s'opposeront secrètement à nos volontés et nous mettront dans l'impossibilité de rien faire, leurs bonnes intentions produisant les mêmes effets que leur infidélité* [1]. » L'instabilité des règles nourrit un conservatisme plus ou moins bien intentionné qui y trouve sa justification et en aggrave l'effet. Et si la complication devient insupportable, chacun s'en débrouille par des remèdes ad hoc présentés comme du pragmatisme. J'ai souvenir d'une complexe querelle

---

1. Louis XIV, *Mémoire pour l'instruction du Dauphin*, Imprimerie nationale, 1992.

avec l'administration fiscale sur la réglementation de la TVA dont l'application variait du
blanc au noir selon les interlocuteurs. Je finis
par appeler le chef du bureau compétent à la
direction générale des impôts afin qu'il me
dévoile La Vérité. A ma stupéfaction, il m'a
placidement déclaré que la superposition des
textes permettait en effet des lectures et des
pratiques opposées et proposa aimablement
d'appliquer celle qui m'arrangeait le plus. Rien
de neuf cependant. « *Les nouvelles règles se suc-*
cèdent avec une rapidité si singulière que les agents,
à force d'être commandés, ont souvent peine à
démêler comment il faut obéir. (...) Et lors même
que la loi n'était pas changée, la manière de
l'appliquer variait tous les jours. On voit par les
lettres des contrôleurs généraux et des intendants
que le gouvernement permet sans cesse de faire par
exception autrement qu'il ordonne. Il brise rarement
la loi, mais chaque jour il fait plier doucement dans
tous les sens suivant les cas particuliers et pour la
grande facilité des affaires. L'ancien régime est là
tout entier : une règle rigide et une pratique
molle [1]. »

Oui, assurément, la France vit sous l'Ancien
Régime.

---

1. Alexis de Tocqueville, *L'Ancien Régime et la Révolution*,
GF, 1988.

Le gouvernement de Personne

La préférence pour la procédure :
abandon du jugement et de l'autorité

Dès lors, tout est en place pour le dessaisissement des dirigeants. Ils n'ont plus aucun jugement à exercer, il suffit que la machine fonctionne. La complexité née du volume des règles fait de leur application une affaire d'experts. Le pouvoir n'y peut rien : il n'a pas de prise sur le système. La décision d'un dirigeant ne vaut plus action. Deux ans après les inondations dévastatrices de Vaison-la-Romaine, aucun des fonds promis n'avait été versé. Dans le même délai après l'explosion de l'usine AZF de Toulouse, la plupart des indemnités étaient encore en cours d'instruction, fût-ce pour le remplacement des vitres. Ces délais discréditent le pouvoir car, précisément, il ne « peut » pas. Quand il parle, il ne se passe rien.

Surtout lorsqu'il s'agit de simplifier. C'est ainsi que, en 2005, une décision ambitieuse a été prise pour remédier à l'émiettement des crédits de la recherche. Des « pôles de compétitivité » furent décidés, rassemblant entreprises, grandes écoles, universités et administrations pour travailler ensemble. L'initiative fut très bien accueillie. Pas pour longtemps. D'abord,

Il n'y a pas de malheur français

en une magistrale illustration du principe de non-choix, les 15 pôles prévus sont finalement devenus 66, à budget constant, bien sûr. Ensuite, quelques mois de procédure engendrèrent une formidable usine à gaz où les décisions étaient partagées entre d'innombrables intervenants. L'organisation s'est trouvée paralysée pour les raisons mêmes qu'elle était censée abolir et les entreprises ont menacé de jeter l'éponge. « *Mes interlocuteurs sont trop nombreux. On ne sait pas ce qui est de la responsabilité de l'Etat ou de la Région. C'est impossible de travailler ainsi*», déclara le président d'un des plus grands pôles [1]. Cette situation absurde a déjà fait l'objet d'un rapport très critique de l'OCDE qui décompte plus de 10 décideurs dont 7 au seul niveau local [2]! Le ministre de l'Economie a dû s'engager personnellement pour rationaliser le système.

Cas ridicule mais particulier? Pas du tout. Le rapport 2005 de la Cour des comptes sur la Sécurité sociale a évalué que les mesures d'économie prises depuis huit ans ont engendré, en 2004, un *surcoût* de 2 milliards d'euros. Un exemple est celui des dentistes. En 1997, la nomenclature a été revue pour revaloriser les

1. *Le Monde,* 15 novembre 2005.
2. *Examens territoriaux de l'OCDE : France,* avril 2006.

soins conservateurs et limiter les prothèses qui font 65 % des coûts. Cette réévaluation a coûté 380 millions et mis six ans à être appliquée pendant lesquels de nouvelles prothèses ont été admises à remboursement pour un coût du même montant [1]...

Aucune malice, ni rien d'exceptionnel. Juste le fonctionnement normal d'un système qui n'évolue que par addition de règles ou d'organisations. La politique a disparu, la procédure est donc reine. C'est une garantie d'opacité et d'absence de responsabilité, qui sont les discrédits fondamentaux du pouvoir aujourd'hui. Chacun accomplit son devoir, c'est-à-dire l'étape formelle qui lui incombe. « *Personne ne commande mais tout le monde obéit* [2]. » Pas de faute. Et pas d'action. Mais rien ne peut être reproché à personne. L'Etat de droit est désormais celui des règles formelles, non des libertés ou des devoirs. Nulle surprise alors que l'action – expression première de l'autorité politique – n'y trouve plus sa place. La boucle est bouclée : « *On a de plus en plus évincé ce qui relève de l'Etat et du politique, à savoir le fait de*

---

1. Rapport de la Cour des comptes sur la Sécurité sociale, 2005.
2. Michel Crozier, *Le Phénomène bureaucratique*, Le Seuil, 1964.

Il n'y a pas de malheur français

prendre des décisions et d'agir, au profit de ce qui est purement administratif. L'humanité socialisée ne requiert plus que l'administration ; (...) le principe d'application se substitue à la décision[1]. »

Ce dévoiement n'est pas une fatalité. Il est l'effet du refus des dirigeants d'exercer et d'imposer leur jugement vis-à-vis de leurs administrations ou de leurs concitoyens. En ce qui concerne les premières, toute règle est un pouvoir et donc son abolition une perte. Des guerres savantes, infimes et violentes s'opposent à de tels changements puis, le cas échéant, s'emploient à les effacer. C'est affligeant mais compréhensible à défaut d'être acceptable. Ce qui n'est ni l'un ni l'autre est de voir des dirigeants politiques baisser pavillon devant ces réactions. Doucement, ils se sont accoutumés à céder devant « *ces gens d'autant plus dangereux qu'ils pouvaient être très utiles, d'un grand mérite s'ils en eussent été eux-mêmes moins persuadés* », comme le jugeait Louis XIV [2]. Cela devient la règle ainsi que l'illustre la remarquable constance dans l'échec des efforts de simplification administrative. Tocqueville y voyait une des caractéristiques de l'impuissance

---

1. Hannah Arendt, *Journal de pensée*, Le Seuil 2005.
2. Louis XIV, *Mémoire pour l'instruction du Dauphin*, Imprimerie nationale, 1992.

agitée de l'Ancien Régime : « *Le gouvernement n'entreprend guère ou il abandonne bientôt les réformes les plus nécessaires qui, pour réussir, demandent une énergie persévérante ; mais il change sans cesse quelques règlements ou quelques lois. Rien ne demeure en repos dans la sphère qu'il habite* [1]. » En 2005, un ancien Premier ministre confirme que nous n'avons pas changé de régime : « *Rénover l'Etat est une tâche impossible. Elle exigerait une vingtaine d'années de continuité dans la volonté des pouvoirs publics. La probabilité pour qu'il existe une telle volonté de continuité est nulle* [2]. »

La résistance du système serait moins efficace si, outre la peur que ses aigreurs inspirent à ses chefs, ceux-ci ne s'inquiétaient désormais des reproches que les tribunaux pourraient leur faire. Le spectre des ennuis judiciaires pouvant résulter d'une décision est capable de pétrifier les plus braves. La judiciarisation de la vie quotidienne est un des plus pénibles effets de la société de défiance généralisée. C'est, en quelque sorte, l'institutionnalisation de l'impossibilité de se parler. La facilité du recours aux

---

1. Alexis de Tocqueville, *L'Ancien Régime et la Révolution*, GF, 1988.
2. Michel Rocard, *Si la Gauche savait*, Robert Laffont, 2005.

tribunaux montre l'aigrissement rapide de la méfiance en soupçon et de l'envie en agressivité. Les dirigeants sont des cibles idéales de ce processus et ils le savent. De sorte qu'il n'est pas difficile de leur faire craindre que leur responsabilité de décideur ne se mue en celle de coupable. Ce basculement de sens du mot « responsable » est un redoutable poison : il paraît suffire de si peu de chose pour franchir cette impalpable frontière et que la vie elle-même bascule... Ultime dévoiement : la responsabilité est d'abord la culpabilité.

La procédure est alors un puissant viatique par sa capacité de dilution et par le confort de son formalisme. L'exemple des 42 familles de règlements sanitaires à l'hôpital est emblématique. Ils n'ont produit aucune diminution visible des maladies nosocomiales. En revanche, ils ont évité les conflits de réorganisation et la mise en cause des pratiques. Ils ont dilué toute responsabilité dans un maquis réglementaire impénétrable. Et épargné aux chefs d'exercer leur discernement et leur autorité, bref, d'être des chefs. Plus largement, l'organisation même des pouvoirs au sein de l'hôpital public est un exemple monumental de cette logique d'évitement. A sa tête se trouve un président du conseil d'administration, généralement le maire de la ville. Celui-ci n'a aucune autorité sur le directeur, qui est nommé à Paris. Et ni l'un ni l'autre n'en ont sur les médecins chefs de service, eux aussi nommés à Paris mais par d'autres.

Caricature ? Cas extrême ? Nullement. Juste un exemple représentatif d'une pratique générale qui veut que nul ne décide mais tout le monde peut dire non. La procédure ne produit pas de l'action mais de l'exonération. Et pour toutes les circonstances imaginables : la liste des instances, organes, commissions et autres groupes de concertation, délibération et consultation placés auprès du gouvernement et des administrations représente un annuaire de 96 pages [1] !

Les administrations « indépendantes » ou l'évaporation des politiques

Par la nature même de son fonctionnement, la procédure maintient les politiques à l'écart. Son apothéose consiste à ce que, faute d'arriver à diriger l'administration, les politiques se dessaisissent formellement de leur responsabilité au profit... de nouvelles administrations, dites indépendantes ! Ainsi voit-on proliférer les

---

1. *Le Figaro*, 24 avril 2006.

« Autorités » – Hautes, le plus souvent – char-
gées de prendre à la place du pouvoir politique
les décisions qu'il ne se sent plus capable
d'assumer faute d'une légitimité suffisante. Le
Conseil d'Etat en compte plus de 30 dans un
rapport critiquant cette dérive [1].

En agissant ainsi, le pouvoir reconnaît que
l'opinion ne le croit plus guidé par le seul intérêt
général. Qu'il s'agisse d'évaluer les sociétés à
privatiser, de policer l'audiovisuel ou le marché
du médicament, l'impartialité de l'Etat est mise
en doute et ses dirigeants en prennent acte. Ils
préfèrent s'effacer plutôt que rétablir leur crédit.
Sans doute le jugent-ils impossible mais ce
retrait confirme le soupçon. C'est aussi un terrible aveu de faiblesse vis-à-vis de l'administration. Les « Autorités » sont la mesure de
l'incapacité du pouvoir à s'imposer aux grandes
machines bureaucratiques qu'il préfère dessaisir
en se dessaisissant lui-même. Ces abandons de
souveraineté politique portent de nobles parures :
indépendance, impartialité... Mais l'inventaire
en est celui de l'érosion de la légitimité fondamentale du pouvoir : son crédit moral.

La démission des politiques atteint là sa per-
fection : habitués à ne plus décider, consen-

---

1. Conseil d'Etat, Rapport public, 2001.

tants au discrédit, remis à l'administration, ils quittent la scène. « *La bureaucratie comme gouvernement de Personne : voilà qui est identique à la mort de l'Etat. (...) Là où Personne ne gouverne, le concept occidental de gouvernement a perdu son crédit*[1]. » Telle est la conséquence finale du refus de la politique. Essence de l'administration, la procédure est aussi le plus formidable « decision killer » qui soit. Mais elle ne tue pas seulement les décisions, elle tue aussi les décideurs. C'est une mort confortable, qui n'a pas d'heure fatale. Avec douceur, s'établit ainsi le gouvernement de Personne, une caricature du monde des Modernes.

---

1. Hannah Arendt, *Journal de pensée*, Le Seuil, 2005.

III

LA CONFIANCE,
UNE IDÉE NEUVE EN POLITIQUE

8

Question de confiance

Ainsi, l'orgueilleux modèle de l'Etat à la française disparaît-il dans sa propre caricature. Ses dirigeants ne se sentent plus assez légitimes pour gouverner en autorité comme ils l'ont fait pendant près de quatre siècles. Ils ont perdu la puissance mais ils ignorent la confiance. Ils n'osent plus diriger par-dessus les gens et ne savent pas le faire avec. L'Etat n'est plus une volonté, seulement une administration sans légitimité politique. La procédure seule subsiste qui n'est ni dirigeante ni citoyenne, avec son puissant théâtre de papier qui régente le monde dans une abstraction crépusculaire. Et cet apparent naufrage nourrit une industrie du déclinisme et sa joie sombre.

Bien à tort.

Il n'y a pas de malheur français

La France, seule en des eaux inexplorées

La douleur de la France est celle de l'accouchement, pas de l'agonie. Ses difficultés sont celles de toutes les démocraties matures. Leur ampleur particulière ne doit rien aux Français parce que français mais parce qu'ils sont explorateurs de la modernité politique. Car la question clé est celle de la forme du pouvoir. Avec une prodigieuse perspicacité, Tocqueville avait vu les nuées s'amasser sur les démocraties pourtant encore toutes jeunes, mais sans imaginer de solution. C'est ce que la France est en train de faire en tâtonnant et elle est dans une position unique pour y parvenir.

Elle seule a exploré jusqu'aux extrêmes la valeur et les limites de l'Etat comme source du pouvoir légitime. Ce n'est le cas d'aucune autre démocratie moderne et les conséquences sont considérables. Dans les autres pays, le discrédit de l'action publique apparaît finalement de peu de conséquence. Le rôle de l'Etat y est une modalité technique plus que politique. La vraie politique a toujours été ailleurs et elle y retourne. Ce repli est une admission paisible de l'inefficacité de l'Etat à rassembler les citoyens en mal d'identité et même à les administrer. La capacité des collectivités locales à assurer le premier rôle est considérée comme favorisant ipso facto le second. Dans des formes contemporaines et moins naïves, c'est un esprit qui n'est pas loin de celui des Anciens. Ainsi, alors que les Français s'arrachent douloureusement à leur très ancien mais obsolète modèle, leurs voisins retournent avec délice au leur qui ne l'est pas moins. Ils se rapprochent des Anciens tandis que les Français quittent les Modernes. Ce n'est pas la même chose : la leçon de notre histoire est précisément d'éviter cette alternative.

Nous savons que si les Modernes ne suffisent plus, les Anciens sont obsolètes parce que l'action de l'Etat est irremplaçable. Non pas dans la gestion mais dans la vraie politique, celle qui rassemble et donne du sens à l'avenir. En ces matières, aucun régionalisme ne fera ce qu'un Etat échouerait à faire, surtout en Europe. D'un côté, parce que même ses plus puissantes régions ne pèsent rien à l'échelle mondiale, y compris dans la concurrence avec leurs rivales. Le PNB de la Californie est le sixième du monde, bien supérieur à celui de l'Espagne et la province chinoise du Yunnan compte beaucoup plus d'habitants que l'Allemagne. De l'autre côté, parce que ce repli douillet finit dans la négation des solidarités nécessaires. Cet enracinement local tant célébré est certes confortable et chaleureux mais il est un « entre soi », pas un « être ensemble ». Les Bavarois ne veulent plus payer pour l'Est, les Piémontais pour le Sud et les Anglais pour le Nord. Même la vaste Chine l'expérimente. Au cours des années 80, elle a pensé que la décentralisation était une panacée combinant une meilleure adhésion au système et davantage d'efficacité. Ce qui s'est en effet produit. Si ce n'est que, quinze ans plus tard, l'Etat a mesuré sa difficulté à faire respecter les politiques nationales. En matière fiscale, il s'est heurté au refus obstiné des provinces côtières en développement rapide de financer le rattrapage de celles du centre, beaucoup plus pauvres. Depuis près de dix ans, le gouvernement a entrepris un rapatriement massif de l'autorité au centre. Il a le plus grand mal à y parvenir ; il affronte toujours une résistance acharnée et efficace de toutes les provinces riches dont les populations soutiennent les dirigeants.

Par ses succès passés, l'expérience des Modernes a montré aux Français que l'action de l'Etat est irremplaçable et par son échec présent que les Anciens détenaient une part de sagesse. Non que leur conception de l'autorité représente une alternative. Elle est, au fond, le rêve qui réunit les altermondialistes et les ultra-libéraux : celui d'une organisation sans structures centrales fortes, mais tenue par les liens d'évidence, qu'ils soient ceux de la solidarité ou du marché. En revanche, leur esprit est un antidote. Car *la* question est de rendre à la vie politique la confiance qui lui a été enlevée il y a quatre cents ans comme incompatible avec l'efficacité et le respect du pouvoir.

Une intense demande de politique

La réconciliation des Anciens et des Modernes, c'est-à-dire de la confiance et de l'autorité, est le cœur de la modernisation politique. Parce que, même tenu par des mains solides, le pouvoir seul n'est plus assez puissant pour nous rassurer et que, désormais, il échoue à nous endormir. Et les Français sont bien plus avancés sur ce chemin que leurs souffrances ne le laissent croire. Le désir de changement existe et le désir de confiance aussi, y compris envers la politique et les dirigeants. Ils sont durement critiqués dans l'exercice de leurs fonctions mais leur rôle n'est pas nié. Au contraire. C'est le défaut d'action qui est si sévèrement jugé, pas

Il n'y a pas de malheur français

l'excès ! Le déclin de la politique en France est celui de sa force, pas de son besoin. Sous le gel de la méfiance, le besoin de croire demeure malgré les déceptions et il s'exprime puissamment. 94 % des Français pensent que voter est un devoir qu'il faut accomplir parce que c'est important [1]. En avril 2002, une petite moitié des Français jugeait que « la politique permet de changer des choses importantes et la vie quotidienne des gens ». En mai, après l'élection présidentielle, les trois quarts d'entre eux étaient de cet avis [2]. A chaque occasion importante, nos concitoyens montrent qu'ils ne sont ni indifférents ni cyniques. Jamais ils n'ont été aussi nombreux à soutenir des causes humanitaires et à s'y engager. Ces mêmes Français enclins à se faire peur avec rien et à se plaindre de tout peuvent révéler soudain une maturité loin de toute sensiblerie. De la profanation de Carpentras à l'enlèvement de Florence Aubenas, en passant par l'élection présidentielle ou le référendum sur la Constitution européenne, ce peuple de râleurs timorés se montre capable de se mobiliser avec force et réflexion. C'est un jeune patron allemand qui le note : « *La France a une énergie*

---

1. Sofres, *L'Etat de l'opinion 2003*, Le Seuil, 2003.
2. Michel Rocard, *Si la Gauche savait*, Robert Laffont, 2005.

sociale extraordinaire. D'un point de vue culturel ou identitaire, il vous reste une capacité de mobilisation sans égale. On peut voir ça négativement en se moquant des grèves. Mais ne vous trompez pas, c'est une force : les Français continuent à penser collectif et ça, ça n'a pas de prix [1]. » Moments exceptionnels ? Peut-être, mais combien d'autres lui sont donnés ? En toutes ces occasions, se révèlent l'intensité de la demande d'un pouvoir véritable mais aussi des exigences nouvelles envers lui.

Une exigence de vérité qui disqualifie le discours...

La première est le besoin de vrai et de vérifiable. Dans une société rongée par la méfiance, la maturité politique commence avec l'intégrité : la vérité coûte désormais moins cher que le mensonge ou la dissimulation. Et si les dirigeants trouvent la réalité à ce point compliquée qu'ils ne peuvent l'expliquer, il y a peu de chances qu'ils en jugent bien. Cette rigueur est une condition nécessaire pour être pris au sérieux. Médias et opinion sont à l'affût des contradictions et des distinguos qui révèlent le calcul ou la duperie. Internet aidant,

---

1. « Français si vous vouliez... », *Le Monde*, 14 février 2006.

il n'y a plus qu'un seul public désormais. Le crédit *personnel* d'un Premier ministre a été ruiné d'avoir promis de ne mener aucune réforme sociale sans consultation préalable ou de maintenir Gaz de France dans le secteur public puis de s'en affranchir à la première convenance. Une telle inconséquence paraissait ordinaire dans la vie politique mais ses effets ne le sont plus pour les citoyens.

Cette exigence de vrai et de vérifiable entraîne une dévalorisation de la pensée et du discours. La moindre place des intellectuels dans le débat politique est un fait marquant de ces quinze dernières années. La cause première est l'état de la société. D'un côté, il est trop mûr, trop « évident » pour être utilement théorisé. Au mieux, il est décrit. L'évolution des travaux d'un Pierre Bourdieu, grand penseur devenu conteur de la misère ordinaire, est révélatrice à cet égard. « *La philosophie vient toujours trop tard. En tant que pensée du monde, elle apparaît seulement lorsque la réalité a accompli et terminé son processus de formation* », disait Hegel [1]. D'un autre côté, le monde qui vient est trop incertain, trop divisé dans les tableaux que chacun en dresse pour se prêter à une théorisation

1. Hegel, *Philosophie de l'histoire*, Textes choisis, PUF, 1975.

véritable. Celle qui a cours relève plutôt de la leçon de choses comme l'illustre l'essentiel de la littérature politique américaine, pourtant bien plus tonique que sa consœur européenne. Dans ces conditions, la pensée intellectuelle est suspecte. Les approches globales sont jugées réductrices parce qu'elles simplifient pour généraliser alors que chacun s'intéresse avant tout à son microcosme personnel. Et elles sont jugées fallacieuses parce qu'elles généralisent pour extrapoler alors que l'attente est à propos d'ici et de maintenant.

Cet effacement de la théorie politique a une cause plus profonde. La méfiance envers les intellectuels est une conséquence logique de la société de défiance généralisée et de son rejet de la parole d'autorité. Et d'autant plus que, en démocratie, la tendance naturelle de la parole politique est à l'abstraction. Par commodité, non par élévation. Les mots abstraits conviennent bien à la parole médiatique : ils permettent des formulations faciles et floues. Les dirigeants appellent à leur aide de grands universaux (la Justice, l'Egalité...) en espérant tenir un discours qui convienne à tous sans les engager à rien. Cette abstraction heurte violemment l'attente de vrai et de vérifiable car elle permet tous les abus. « *Un mot abstrait est*

Il n'y a pas de malheur français

comme une boîte à double fond : on y met les idées que l'on désire et on les en retire sans que personne le voie», observait Tocqueville [1]. Ces tours de passe-passe ont été nombreux de la part des dirigeants mais aussi des intellectuels saisis par le vertige d'une autorité confondue avec le tirage de leurs livres. Pour qui sait se rallier l'opinion, il est facile de défendre des thèses médiocres. « *Ils veulent obtenir sur-le-champ de grands succès mais ils désirent se dispenser de grands efforts. Ces instincts contraires les mènent directement à la recherche d'idées générales, à l'aide desquelles ils se flattent de peindre de très vastes objets à peu de frais et d'attirer le regard du public sans peine.* » Car « *une idée fausse mais claire et précise, aura toujours plus de puissance dans le monde qu'une idée vraie mais complexe* [2] ». Seule vaut la réfutation par les faits mais elle est lente. Lente, mais radicale : aucune pensée abstraite, aucune parole générale ne trouve plus crédit aujourd'hui.

En dernier ressort, ce rejet de la pensée intellectuelle provient d'une dévalorisation du discours lui-même. La parole politique a grand-

---

1. Alexis de Tocqueville, *De la démocratie en Amérique II*, Bouquins, 1986.
2. Alexis de Tocqueville, *De la démocratie en Amérique I*, Bouquins, 1986.

peine à susciter l'intérêt pour ne rien dire du respect. Le mouvement des banlieues s'est révélé très efficace malgré son absence de parole, alors que des dirigeants politiques ne cessent de parler sans mobiliser personne.

... *et rétablit le lien personnel*

Dans ces conditions, il n'y a de crédit qu'aux personnes. La seule autorité acceptable est choisie et incarnée. Rien d'autre ne vaut. Ou, plus exactement, les idées ne valent que par ceux qui les incarnent. Face à la montée d'une économie de l'infidélité, le lien librement consenti entre deux personnes devient l'ancrage le plus sûr. Le bouche à oreille est plus efficace que la publicité. Les individus de confiance prévalent dans la formation des opinions sur toute forme organisée de discours ou de persuasion. La famille, les amis et les personnalités choisies sont les vrais déterminants de chacun. Cela explique le succès des métiers de courtage et de conseil : consultants, banquiers d'affaires et autres spécialistes de la communication ne se distinguent pas tant par une compétence unique que par un lien électif avec leurs clients. Pour tous, la pensée, la parole, doivent être incarnées, c'est-à-dire associées à des individus légitimes par eux-mêmes et non par statut. A ceux-là est reconnue une autorité morale intrinsèque, qu'ils soient dirigeant, joueur de football ou chercheur scientifique.

Cette attente de vérité et de légitimité personnelle n'est pas une demande de sainteté ou d'infaillibilité. En échange, les citoyens sont prêts à faire un certain crédit aux dirigeants comme l'illustre l'excellente image des élus locaux. Dans le paysage désolé de la société de défiance généralisée, la vie locale est une oasis. Le pouvoir y prend plus facilement les qualités qui en sont attendues aujourd'hui, surtout dans les communes. Celles-ci renvoient une image presque idéale de la vie politique, avec un pouvoir légitime parce que actif, abordable et sans distance vis-à-vis de la vraie vie. « *Il n'y a que les mandats locaux qui donnent la compréhension de la société française* [1]. » L'optimisme est sur le terrain. « *Il se passe plein de choses dans les régions, de solidarités, d'initiatives. Cela rend optimiste.* » Le pouvoir local fonctionne dans une boucle courte qu'il s'agisse de communication, d'action ou d'évaluation. La dissimulation y est plus difficile. Il est révélateur que le crédit des élus soit inversement proportionnel à la taille des villes, jusqu'à s'évanouir : « *Dès qu'un élu bascule dans*

---

1. EuroRSCG, « La société de défiance généralisée », 2004.

la représentation nationale, il ne porte plus le réel. »
Qu'est-ce qui rend alors la politique possible et
légitime ? Qu'est-ce qui fait qu'il se passe quelque chose plutôt que rien ?

La confiance.

Son absence est l'abîme où disparaît ce sens
d'être ensemble qui ressurgit dans la proximité
de la vie locale. Le désir qu'en ont les Français
montre qu'ils ne se satisfont pas d'une économie de l'infidélité. Ils la pratiquent sans hésiter
faute d'autres options, mais saisissent celles-ci
dès qu'elles se présentent. Les occasions de fra-
ternisation sont vécues avec passion ; Jack Lang
a bâti sa bonne fortune politique sur sa perspicacité à cet égard. Puissante est la demande de
contrat moral au sens où l'entendaient les
Anciens : un échange de confiance, voire
d'affection, entre des personnes ; pas des institutions.

Car la défiance généralisée n'est pas
l'humeur d'un moment. Elle est un jugement
rendu par les Français sur ce que le pouvoir
n'est plus à leurs yeux. Ils ne le croient pas
capable des miracles qu'il s'obstine à annoncer.
L'exigence de vrai et de vérifiable n'est, au
fond, que celle du réalisme. L'attente première

des Français est la crédibilité, pas les prodiges. A défaut de toute-puissance, le pouvoir doit être capable de promesses fiables. Car « *la promesse constitue le phénomène moral par excellence. (...) Ce qui est magnifique dans la promesse, c'est qu'elle établit quelque chose sur quoi on peut compter précisément dans le domaine de l'incalculable* [1]. » Et c'est « l'incalculable » qui nous hante, lui que l'organisation, le chiffre et le progrès ne comblent ni même n'approchent. Et, de moins en moins, nous en divertissent.

Il y a, en effet, un gouffre entre l'« être bien » que nos sociétés garantissent au plus grand nombre et l'« être bien ensemble ». Et la politique seule peut franchir ce gouffre. Nulle prodigalité budgétaire, nulle sollicitude médiatique ne le peut. Faute pour les dirigeants politiques de le comprendre, la générosité de l'Etat-providence a quelque chose de désespéré face à la montée inexorable de l'idéologie du rejet. Tant il est vrai qu'un monde sépare l'action sociale servie jusqu'à la nausée et le sens d'être ensemble. Les prestations, allocations et subventions font du bien, pas du lien. Nos dirigeants ne sont pas des chefs mais les administrateurs d'une compagnie d'assurances et nous sommes réduits au rôle de sociétaires.

---

1. Hannah Arendt, *Journal de pensée*, Le Seuil, 2005.

Mais qui a jamais eu foi, qui a jamais *aimé* une compagnie d'assurances ?

Parler de confiance, d'affection même, en politique n'est pas hors de propos. Le droit des affaires, qui n'est guère sentimental, reconnaît « l'affectio societatis » – ce lien personnel qui rassemble pour faire ensemble – comme le fondement même de la création d'une entreprise. Mais la culture française porte profondément en elle cette idée que les émotions sont, par nature, à l'opposé du jugement. Cela s'enracine dans le même corpus de pensée qui, en quelques décennies du XVIIᵉ siècle, a engendré le *Discours de la Méthode* et la technocratie moderne laquelle en est, au fond, l'expression politique.

Que les limites en soient atteintes ne doit pas en effacer les apports colossaux. Nous lui devons tout ce que le monde a conquis de modernité y compris politique. La fraternité révolutionnaire est le développement ultime de cette liberté de l'esprit conquise par la Raison. Pour autant, l'une et l'autre n'ont jamais coexisté dans le pouvoir en France. Telle est l'attente désormais. Il faut solder cette profonde erreur selon laquelle l'émotion et la raison sont ennemies et, par suite, le sentiment et le bon gouvernement. La neurobiologie affirme aujourd'hui que la raison ne fonctionne pas sans les émotions[1]. Un des maîtres du domaine, Antonio Damasio, a d'ailleurs intitulé un de ses ouvrages sur la biologie de la conscience *L'Erreur de Descartes*.

Il n'y a nulle mièvrerie dans cette attente des Français. Ils ne rêvent pas que le pouvoir soit sympathique ou gentil. Loin s'en faut : la demande d'autorité est grande. Mais c'est de l'ascendant dont il est question ici, pas de la force en gueule. L'autorité institutionnelle est largement dévaluée mais ce sont les institutions qui le sont, pas l'autorité.

Et celle-ci est affaire de personne. Forcément. Parce que c'est « l'incalculable » en nous qui attend une réponse. Toute réponse qui porte sur les choses, sur le « changement », est vaine : de la publicité ou du marketing, pas de la politique. Car, désormais, il n'est de réalité qu'incarnée en une personne. La réconciliation des Anciens et des Modernes est au cœur de la politique aujourd'hui parce que « *la promesse constitue le phénomène moral par excellence de façon tout aussi centrale que le contrat, qui résulte de la faculté de promettre, constitue le phénomène*

---

1. Antonio Damasio, *Le Sentiment même de soi*, Odile Jacob, 2001.

politique central[1] ». C'est en ce sens qu'il faut comprendre la nostalgie des grands hommes et l'attente d'un autre. Ce n'est ni le « coup de torchon » ni le « grand soir » qui sont désirés. C'est la confiance assez haut placée en une personne pour croire à sa promesse, c'est-à-dire à ce qu'elle incarne.

C'est une promesse au singulier car cette confiance-là ne porte pas sur un programme. Elle porte sur une manière d'être, sur un esprit nouveau qui nous libère de notre gangue sans mépriser nos peurs. Telle est la justification, dans une société, de ce que Hegel appelait précisément « le grand homme. » « *C'est l'esprit caché, encore souterrain, qui n'est pas encore parvenu à une existence actuelle, mais qui frappe contre le monde parce qu'il le tient pour une écorce qui ne convient pas au noyau qu'elle porte*[2]. » Nul bonapartisme en cette attente, seulement le désir impatient qu'il se passe quelque chose et que le pays accouche du futur dont il se sent à la fois frustré et capable.

---

1. Hannah Arendt, *Journal de pensée*, Le Seuil, 2005.
2. Hegel, *Philosophie de l'histoire*, Textes choisis, PUF, 1975.

9

L'action, un miracle en politique

L'attente des Français envers le pouvoir est transformée. La demande d'autorité est forte mais ils ne croient plus que l'Etat traite tous les problèmes même s'ils en ont la nostalgie. Du coup, le contrat moral avec les dirigeants devient essentiel. S'ils ne sont plus tout-puissants, si le doute existe sur leurs pouvoirs, alors, au moins, doivent-ils être dignes de confiance. Elle seule peut remplacer la puissance perdue. C'est un engagement affectif, un lien de personnes. Et cette attente est le plus profond renouveau de la politique en France depuis quatre cents ans. Au XVIIIe siècle, Saint-Just proclamait que « *le bonheur est une idée neuve en Europe* ». Au XXIe siècle, la confiance est une idée neuve en France et qui nous assiège avec la même urgence et une grande exigence.

Au contraire des autres démocraties modernes, l'histoire nous a assez appris la valeur de l'action publique pour ne pas nous résigner à sa médiocrité. La démission de l'Etat et de ses dirigeants nous est aussi inacceptable que leur arrogance. Ce n'est pas l'outil qui est périmé mais le pouvoir qui l'emploie.

Génération agir

« *L'avenir est comme une bombe à mécanisme d'horlogerie : elle est enfouie mais son tic-tac résonne dans le présent. Et à la question fréquente " qu'est-ce que cette nouvelle génération ? " on serait tenté de répondre : " Ce sont ceux qui entendent le tic-tac* [1] *".* » Telle est la génération de dirigeants attendue. Non seulement ils entendent le tic-tac, mais ils en sont obsédés. Ils savent que « l'écorce dure » qui contraint la société française ne lui convient plus et l'empêche de vivre au rythme du monde qui l'entoure. Ils savent aussi que le temps nous est chaque jour plus compté. Quel que soit le détail de leurs idées, cela les différencie radicalement de tous ceux qui croient encore que demain est un hier aménagé. Ceux-là sont révoqués par l'avenir pour surdité dangereuse. Leur permis de conduire le pays leur est retiré. Ils sont les enfants naturels

---

1. Hannah Arendt, *Du mensonge à la violence*, Agora, 1994.

du non-choix et de la dépense publique qui nous servent de « politique » depuis une génération. Et ils sont nombreux comme le montre l'étendue de l'idéologie du rejet. Tant il est vrai qu'« *une génération a beau déclarer la guerre aux générations qui l'ont précédée, il est plus facile de les combattre que de ne point leur ressembler* [1] ».

Pourtant, la rupture sera plus facile à cette nouvelle génération de dirigeants qu'à aucune autre parce que les Français attendent avec impatience qu'« il se passe quelque chose ». Il est frappant de voir combien souvent revient un vocabulaire mystique à ce propos. C'est une mesure de l'intensité de la transformation attendue : quelque chose de presque miraculeux pour que la foi soit retrouvée. Non en des principes abstraits mais en la capacité à être et devenir ensemble. « *Nous ne devons pas sous-estimer le nombre très important de Français qui attendent désormais une divine surprise* », remarque un sociologue analysant la crise des banlieues [2]. Et, à Marcel Gauchet notant que : « *Personne ne veut changer de régime mais la foi dans le régime s'est perdue* [3] », un poli-

---

1. Alexis de Tocqueville, *L'Ancien Régime et la Révolution*, GF, 1988.
2. Erwan Lecœur, Entretien, *Le Monde*, 19-20 février 2006.
3. Marcel Gauchet, Entretien, *Le Monde 2*, 23 avril 2005.

tique répond : « *Les Français ont besoin de croire.*
Mais il leur faut des miracles parce que leur foi a
beaucoup diminué [1]. »

Ce miracle-là a une place chez les hommes et
il a un nom : c'est l'action. Car « *L'homme pos-*
sède manifestement le don mystérieux de faire des
miracles. Ce don, dans le langage courant et éculé,
nous l'appelons l'agir [2] ». Telle est la promesse
attendue ; c'est la confiance en la certitude du
mouvement. Et cela est une chose en soi.
L'action est la seule réfutation véritable des
impensées radicales comme celle des altermondialistes dont le fonds unique est la déploration.
Elle rend à chacun un sentiment que, après
tout, un petit coin de l'histoire peut être maîtrisé. Oui, le miracle attendu est une capacité de
faire et collectivement. Un mouvement dont
tout le monde, même mécontent, se reconnaît
partie. Et nous avons oublié que l'action ainsi
conçue est le fondement de la liberté politique :
leurs étymologies grecques sont indissociables.

Car le miracle de l'action n'est pas seulement
celui des choses faites. Il suffit de constater
l'énorme écart qui sépare le jugement favorable

---

1. EuroRSCG, « La société de défiance généralisée », 2004.
2. Hannah Arendt, *Qu'est-ce que la politique ?*, Le Seuil,
1995.

de nombreux étrangers sur la modernisation, notamment économique, de la France et la perception d'immobilisme qu'en ont les Français. Ou entre le pessimisme de ces derniers sur l'évolution des inégalités de revenus et la réalité. Tant il est vrai que si l'efficacité reste indispensable, elle n'est plus suffisante. Il faut aussi l'adhésion et la confiance. Et *cela* nous est nouveau.

A tel point que le constat par les dirigeants que l'efficacité ne suffit plus à convaincre et leur difficulté à réfuter ce sentiment qu'« il ne se passe rien », leur font conclure, à tort, que l'action n'est pas désirée et qu'elle doit donc avancer masquée. Alors que c'est précisément l'inverse dont nous avons besoin! La conviction partagée du mouvement est ce qui nous manque le plus cruellement. En son absence, rien de ce qui se fait ne nous concerne vraiment. L'incarnation du pouvoir dans un lien personnel entre le dirigeant et les citoyens est un impératif catégorique. A défaut, même si elle est efficace, l'action ne vaut pas crédit. Car, en traitant des choses sans s'adresser aux gens, elle paraît conduite à leur insu.

La crise de la société française est comme un séisme né de la collision de trois plaques sur lesquelles nous reposons : la démocratie, la modernité et notre étatisme multiséculaire. La violence du choc met à nu les couches les plus anciennes de notre assise. Nous sommes ramenés à la situation qui fonda la vie politique occidentale il y a vingt-cinq siècles : un groupe d'hommes libres mais à l'avenir incertain qui espère qu'un se lève et les mobilise pour bâtir quelque chose.

La parole politique, c'est assurer, pas rassurer

Et celui qui se lève commence toujours par expliquer le pourquoi de son mouvement. Parce que le doute existe sur la possibilité même de faire quelque chose. Nos concitoyens sont à la fois plus mûrs mais aussi moins bien informés qu'il n'est cru en général. Et comme ils n'acceptent plus de simple dire d'expert, il devient difficile d'imposer les mesures au seul motif de l'urgence. Une pédagogie intense est désormais le premier pas de toute action politique. Le rapport commandité par le ministre de l'Economie sur l'état des finances de la France et sa diffusion intelligente constituent un bel exemple de vrai travail politique. Ce n'est pas une préparation d'artillerie : l'ère de la propagande est révolue. « *Dans ce monde fou où*

L'action, un miracle en politique

l'on ne comprend rien, la prime électorale va à celui qui explique», note Michel Rocard [1]. Et cette explication n'a rien de compassionnel.

Car il s'agit de donner de l'assurance, pas de rassurer. L'un s'adresse à un combattant, l'autre à un malade. La pédagogie de l'action publique est une quête de soutien sur les fins, pas sur les moyens. Dans une société malade de méfiance, rassurer conduit à s'égarer dans le labyrinthe des cas particuliers et des « droits ». Cela mène à ne rien faire car la plupart savent ce qu'ils craignent bien mieux que ce qu'ils souhaitent. Par suite, le débat porte sur les risques ou les pertes, rarement sur les gains. Là s'enracine la préférence pour le statu quo.

Dans ces conditions, en effet, elle est une décision rationnelle autant qu'un conservatisme. Car la plupart des changements sont, pour chacun, source d'incertitude et, in fine, de paralysie. D'abord, la complexité des sujets en rend souvent l'évaluation difficile, même pour les citoyens les plus consciencieux. Ensuite, cette évaluation est nécessairement compara-

---

1. Michel Rocard, *Si la Gauche savait,* Robert Laffont, 2005.

tive et là, l'envie amplifie la méfiance : ne vais-je pas payer pour d'autres ? Des travaux économiques récents montrent que ce doute suffit à bloquer des décisions pourtant favorables à la majorité d'une collectivité [1]. Et ce processus nourrit la suspicion d'injustice chez tout le monde.

Les uns ont l'impression d'être abandonnés au profit d'autres – plus avantagés – lesquels se sentent spoliés au bénéfice des premiers. C'est une puissante source de clivage et d'antagonisme. Ainsi retrouve-t-on le débat Public/Privé, par exemple autour de l'action sociale, garantie de minimum pour les uns, source de gaspillages ou de bénéfices indus pour les autres. Ce mécanisme et ce double sentiment d'injustice sont désormais aussi établis en France qu'aux Etats-Unis où ils sont fort anciens [2]. De sorte que l'on retombe dans le débat des « droits » respectifs dont le statu quo et la dépense publique sont, en France, les solutions ordinaires. Sans apaiser pour autant ce sentiment d'injustice.

1. Présentés dans William Esterly, *The Elusive Quest for Growth* (Chap. 13), MIT Press, 2001.
2. William Wilson, *When Work Disappears : the World of the New Urban Poors*, Knopf, 1996.

L'action, un miracle en politique

L'assurance est d'une autre nature. Elle est
la confiance en un mouvement dont la nécessité est comprise. Mais « comprendre » dans
l'étymologie du mot – prendre ensemble –
c'est-à-dire la raison avec l'affectif et non la
sèche mobilisation des intelligences. L'ère des
Modernes est terminée et malheur à ceux qui
l'ignorent. Sans confiance, il n'y a plus de mouvement. Au mieux de l'obéissance, en général
du refus. Hegel l'avait pressenti : « *Les hommes
exigent que la cause pour laquelle ils doivent agir
leur plaise, que leur opinion lui soit favorable : ils
veulent être présents dans l'estimation de la valeur
de la cause, de son droit, de son utilité, des avantages qu'ils pourront en récolter. C'est là un caractère essentiel de notre époque : les hommes ne sont
plus conduits par l'autorité; c'est seulement en suivant leur jugement personnel, leur conviction et leur
opinion indépendantes qu'ils consentent à collaborer
à quelque chose* [1]. » Aujourd'hui, le pouvoir qui
ne fait pas droit à cette attente rouvre la querelle des Anciens et des Modernes. Mais,
désormais, ce sont les Anciens qui la gagnent,
c'est-à-dire l'émotion seule et qui rejette sans
écouter parce que cette attitude est perçue
comme du mépris. Or, dans une société de
défiance généralisée, le respect des personnes
compte toujours plus que la nécessité des

---

1. Hegel, *La Raison dans l'Histoire*, 10/18, Plon, 1965.

choses. C'est cette vérité qui a été oubliée dans la crise du CPE.

Comme elle est oubliée de cette parole politique qui ne traite que des menaces, des retards et des problèmes. Qui nous raconte les succès des Français? De quel magazine font-ils la couverture? De quel quotidien font-ils les titres? Quel dirigeant leur consacre un discours qui ne les présente pas comme d'heureuses – et rares – exceptions? Tel journal ouvrira une enquête fort inspirante sur les réformes réussies du Canada, mais jugerait servile de raconter une modernisation réussie de l'administration. Tel hebdomadaire qui célébrera la magnifique réussite d'Apple ou General Electric, estimerait compromettant de conter celle d'Airbus ou de Veolia... mais pas leurs difficultés.

Et pourtant! Nombreuses sont, à toute échelle, les magnifiques histoires de succès, de fiertés profondes partagées par des dizaines de milliers de personnes. Il n'en apparaît le plus souvent que l'écume « people », la figure célébrée d'un patron ou d'un élu. Presque jamais n'est raconté le fort bonheur d'une collectivité d'agir et de réussir ensemble. Or, ce bonheur est la matière première de l'optimisme rencontré dans la vie locale. Ces réussites donnent de l'assurance à tout le monde.

L'action, un miracle en politique

Elles nourrissent la confiance en l'avenir et disposent favorablement aux idées nouvelles.

Agir, c'est juger et prendre parti : l'essence de la liberté politique

Cependant, dire n'est pas faire. S'il suffisait d'expliquer la nécessité ou de conter les succès, les changements n'attendraient pas des décennies. Depuis une génération, nous subissons un flot de paroles – souvent fort avisées – sans qu'il se passe rien. La cause en est bien sûr le refus obstiné des dirigeants de faire des choix. Or, ne pas prendre parti et ne rien faire sont une seule et même chose. L'inefficacité de l'énorme dépense publique le montre coûteusement. Le non-choix est un accommodant principe d'inaction sympathique.

L'action, elle, n'est pas conciliante. Elle est un jugement, un parti pris face aux choses. C'est sa nature même, ce qui en fait l'essence de la politique. « *La pensée sur laquelle repose le vouloir politique est le jugement. (...) Juger est la pensée de l'être-ensemble* [1]. » Agir, c'est se lever dans la radicalité du geste qui fait mettre debout. C'est pourquoi la pédagogie qui l'accompagne n'est pas un anesthésique. Pour

---

1. Hannah Arendt, *Journal de pensée*, Le Seuil, 2005.

celui qui agit avec certitude, expliquer n'est pas temporiser, écouter n'est pas hésiter. Craindre ces confusions est un signe de doute ; la patience des faibles.

L'administration ne peut donc pas se substituer à l'action politique. A proprement parler, c'est un contresens. Dans un moulin, l'administration est la meule, pas la rivière. Elle a pour caractéristique l'exhaustivité et l'exactitude. A l'inverse du décideur qui agit. « *L'homme qui agit en est réduit à se contenter souvent d'à-peu-près. Il lui faut s'appuyer sans cesse sur des idées qu'il n'a pas eu le loisir d'approfondir, car c'est bien plus l'opportunité de l'idée dont il se sert que sa rigoureuse justesse qui l'aide. Ce n'est point de longues et savantes démonstrations qui mènent le monde* [1]. » Le caractère incisif de l'action, la vivacité de son tempo sont d'autant plus nécessaires que le temps est l'ennemi de l'action publique comme jamais auparavant. D'un côté, il lui est chichement compté par l'opinion et, de l'autre, il est dépensé avec prodigalité par les procédures. Une société dominée par la méfiance et l'émotion est forcément une société du temps court. Si le sentiment de

---

1. Alexis de Tocqueville, *De la démocratie en Amérique II*, Bouquins, 1986.

l'individu prime, rien de plus vrai, alors, que l'instantané, le « hic & nunc ». Et la technologie y pousse. Les objets nomades, la télévision et, plus encore, le Net sont des producteurs d'instantané : « où je veux, quand je veux ». Cela ne facilite pas la culture de la lenteur nécessaire mais ne l'empêche pas non plus : encore faut-il qu'il y ait un Maître des Horloges. Or, il ne peut pas y en avoir dans un monde sans action. Non seulement il n'a pas de rôle mais il n'y a pas de temps lorsqu'il ne se passe rien.

Cette vivacité de l'action est d'autant plus nécessaire que, malgré toutes ses vertus, elle ne peut s'attendre à beaucoup de crédit. A raison, puisque, depuis une génération, les dirigeants promettent aujourd'hui ce qui se passera demain aux frais d'après-demain. De maintenant, il n'est jamais question. Cela ne détruit pas la sagesse des citoyens mais leur confiance. Entre l'homme politique et eux, il ne peut se nouer qu'un troc soupçonneux. Au fragile actif du premier ne figure que le crédit personnel dont il bénéficie à ce moment. Au passif, tout le reste. Il est solidaire du discrédit de tous ses prédécesseurs. L'économie de ce maquignonnage est simple. Le politique doit acheter « cash » de la confiance qui est aussi du temps. Et sa seule monnaie, c'est l'action. Comme tout moyen de paiement, elle doit être vraie et vérifiable : lorsque le dirigeant promet, il doit se passer quelque chose. De même qu'il se méfie des grosses coupures, le citoyen se méfie des plans grandioses. Annoncer des créations de postes ou des dépenses est du faux monnayage. Le sentiment est établi que l'Etat n'en a plus les moyens. En revanche, les changements mesurables font recette ; ils ouvrent de nouvelles lignes de crédit et de temps. Dans une société de défiance généralisée, les faits ont un poids disproportionné. L'action efficace y retrouve son caractère de miracle. Finalement, quelque chose est possible et si ça l'est ici, pourquoi pas là ?

Ce troc est puissant par sa simplicité. Il correspond à la fois au désir de la promesse à nouveau possible et à l'exigence de vérifiable. Contrairement au pessimisme ambiant, la méfiance de l'opinion n'empêche pas l'action. Les Français ne croient pas que le monde soit simple et rapide comme Internet mais ils attendent qu'il se passe quelque chose lorsqu'un dirigeant clique. Ils n'ont la patience du résultat que s'ils ont la certitude du mouvement.

Cela requiert que soient donnés des repères précis, simples et *très* stables. Il ne s'agit pas d'embrasser toute la complexité d'un sujet mais de donner à voir son évolution. L'accréditation même de la mesure demande beaucoup de temps. Par exemple, sept ans après le passage à la monnaie unique, les deux principales mesures de la santé des finances publiques du traité de Maastricht – poids de la dette et du déficit – commencent à être reconnues par le public. De même, la création récente d'un observatoire de la criminalité qui en établit des statistiques indépendantes devrait en permettre, à terme, un suivi incontestable.

L'exercice est plus difficile pour l'Etat que pour une entreprise mais il est indispensable. Car, réciproquement, la suspicion d'immobilisme engendre une impatience féroce. L'action publique doit donc être précédée de l'élimination systématique des règles et procédures bien intentionnées qui en retarderaient ou en dilueraient l'effet visible. C'est une condition impérative pour que le dirigeant retrouve la maîtrise des Horloges et puisse s'engager sur les résultats attendus et leur calendrier. A défaut, il ne se passera rien. Vingt ans d'échec le prouvent.

L'action est une rupture, pas un déchirement

Les exigences d'une action politique véritable la rendraient presque décourageante tant elle est différente de ce que nous vivons aujourd'hui. C'est pourquoi elle ne pourra être ressentie que comme une irruption, une commotion. Par son principe plus que par son contenu. Du point de vue de celui-ci, en effet, la rupture n'est pas toujours nécessaire au changement. En revanche, le *fait* de l'action est une rupture parce que le mouvement est par essence différent de l'immobilité. Et c'est pour cela que l'action est le fait d'un chef et non la bonne gouvernance d'une administration.

Cependant, si l'action ainsi conçue est une rupture, elle n'est pas un déchirement. La confusion des deux est un grand classique de la lâcheté ordinaire mais elle se dissipe au contact de la réalité. Un exemple en a été donné récemment avec le développement du contrôle des chômeurs par des mesures inspirées de pays aussi « barbares » que la Hollande ou le Danemark. Il s'agit de discuter sérieusement avec ceux qui refusent un emploi légitime. « *C'est une mesure injuste et dangereuse pour la cohésion sociale* », déclara le parti socialiste [1]. Tout autre est le discours des élus locaux lorsqu'ils ont la charge financière de la protection sociale. Ainsi voit-on des conseils généraux

---

1. *Le Monde*, 21 septembre 2005.

de gauche se mettre à évaluer l'effort de réin-sertion des RMIstes. Le président socialiste du conseil des Bouches-du-Rhône se donne un objectif de réduction de dix mille sur soixante-dix mille en dix-huit mois. « *Il s'agit d'une politique de gauche mais de rigueur* », répond-il à son propre parti.

Et ce qui est vrai des régions, l'est des pays. Entre 1992 et 2002, la France a poursuivi l'augmentation de la dépense publique au même rythme que celle de la richesse nationale. Le rapport de l'une à l'autre n'a donc pas changé, comme si c'était un minimum incom-pressible. Il ne s'agissait bien sûr que de conserver le confort de ne rien choisir. La preuve en est que, pendant cette même décen-nie, ce rapport a baissé de *dix points* ou plus en Finlande, en Suède ou en Irlande, de huit points en Italie ou aux Pays-Bas et de cinq en Espagne [1]. Ce sont des pays que tout sépare : la taille, la culture politique, les traditions sociales... Si tous ceux-là peuvent le faire, pourquoi pas nous ?

De la même façon, depuis 1995, le poids de la dette par rapport à la richesse nationale a augmenté de dix points en France alors que, en

---

1. OCDE, in *L'Expansion*, 1er octobre 2002.

moyenne, il a *baissé* du même nombre dans les autres pays de l'Union européenne [1] !

Ces transformations ne sont donc pas réservées à des pays ayant on ne sait quelle « culture du consensus », ou bien une petite taille ou encore soumis à un libéralisme échevelé. Voyez l'exemple du Canada. En 1995, le déficit public atteignait 6 % du PIB, la dette fédérale 68 % et le chômage plus de 10 %, soit une situation pire encore que la nôtre aujourd'hui. En 2005, le budget est en excédent, la dette ramenée à 37 % du PIB, les impôts ont fortement baissé et le chômage aussi. A 7 %, il est à son plus faible niveau depuis trente ans. L'Etat a été réformé de manière drastique. Dans bien des cas, les effectifs ont été réduits en s'appuyant à fond sur les départs à la retraite. En revanche, les missions qui ont été jugées essentielles pour le pays et relevant de l'Etat ont été dotées de moyens renforcés. La sélection s'est faite avec un examen méticuleux : telle action sert-elle l'intérêt public ? Peut-elle être confiée au privé ou est-il indispensable que l'Etat l'assure ? Peut-on en financer le coût [2] ?

---

1. Rapport Pébereau, décembre 2005.
2. La rédaction web des *Echos*, 14 décembre 2005.

L'action, un miracle en politique

Le danger, c'est la lassitude

Cessons de penser et de dire que les Français, seuls au monde, sont incapables de telles évolutions. Les dirigeants qui entretiennent cette idée n'entendent ni le tic-tac de l'avenir ni le changement de nos concitoyens. Selon un mécanisme bien établi, ils se sont persuadés que les Français ne veulent pas de changement et cette idée reçue se suffit à elle-même. Elle inspire à la plupart une terreur d'autant plus respectueuse qu'elle est confortable de sorte qu'aucune indication contraire ne sera retenue. « *La majorité ne croit plus mais elle a encore l'air de croire et ce vain fantôme d'une opinion publique suffit pour glacer les novateurs et les tenir dans le silence et le respect* [1]. »

Ce silence et ce respect sont ceux des convois mortuaires et c'est notre avenir qui est porté en terre. Celui de notre prospérité mais aussi de ce que nous sommes en tant que peuple. Le danger, c'est la lassitude. Car cet immobilisme finit par engendrer une résignation devant la marche du monde à laquelle nous ne participons pas. Pourtant, rien ne nous rend incapables de changement si ce n'est ce

---

1. Alexis de Tocqueville, *De la démocratie en Amérique II*, Bouquins, 1986.

faux respect par lequel nos dirigeants transforment leur lâcheté en sollicitude pour une France qu'ils racontent malade. Ecoutez ce jeune cadre libanais, étudiant à Sciences Po : «*Je voyage beaucoup et je vois Total, Renault, Airbus partout dans le monde. Et, ici, j'écoute des médias et des élites qui disent que tout va mal*[1].»

Bien sûr que de tels changements ne se feront pas sans heurt. Depuis une génération, cette lâcheté a nourri l'idée qu'il suffisait de s'opposer au changement du monde pour qu'il s'arrête à nos portes comme le nuage de Tchernobyl. Est-ce une raison pour en faire une philosophie? Ces chocs sont la vie, les coups contre l'écorce périmée. Etre ensemble ne signifie pas être d'accord, sauf dans des idéologies molles qui voient la vie en vélo et à bas bruit. Etre ensemble, c'est entendre le même tic-tac de l'avenir. Ce ne sont pas les désaccords qui créent le désespoir, c'est l'absence de projet. Celle-ci nourrit le sentiment détestable que la vraie vie est toujours ailleurs et, de là, ce repli sur soi qui est le principal risque d'affaiblissement des sociétés démocratiques. Nulle fatalité pourtant : il nous appartient d'y remédier. Et c'est pourquoi notre temps est plus

---

1. «Français si vous vouliez... », *Le Monde*, 14 février 2006.

politique que jamais : « être ensemble » ne nous est pas donné mais, pour la première fois, nous avons la faculté de le conquérir sans que rien nous menace.

Sauf nous-mêmes.

10

Malheur aux incertains
et aux parcimonieux !

Agir, désormais, c'est d'abord faire confiance

L'action politique véritable est le début des ennuis véritables. En effet, bien qu'attendue, elle sera d'abord combattue parce que tout changement menace dans une société de défiance généralisée. Et d'autant plus que la surabondance des règles anesthésie la capacité de jugement des citoyens. « *L'on oublie que c'est surtout dans le détail qu'il est dangereux d'asservir les hommes. (...) La sujétion dans les petites affaires se manifeste tous les jours. Elle ne désespère point les citoyens mais les contrarie sans cesse et les porte à renoncer à l'usage de leur volonté. (...) Ils perdent peu à peu la faculté de penser, de sentir et d'agir par eux-mêmes* [1]. » L'abandon du pouvoir à la procé-

---

1. Alexis de Tocqueville, *De la démocratie en Amérique II*, Bouquins, 1986.

177

dure et la règle révèle ici toute sa nuisance. Elle tue toute possibilité de rapprochement entre le pouvoir et le citoyen. L'action se fait contre ou à la place de celui-ci et non avec lui. Comment espérer nouer un lien de confiance avec un tel pouvoir ? Et comment attendre des Français qu'ils exercent sur des sujets difficiles le discernement qu'on leur refuse dans chaque détail du quotidien ?

Vous en doutez ? Observez la signalisation routière d'un œil neuf. Elle prolifère au point de se nuire. « Trop de signes tue le signe », disent les publicitaires. Ce bourgeonnement, sans équivalent en Europe, incarne tout à la fois le souci d'un microcontrôle de chaque acte des conducteurs, une complète défiance envers eux et la peur d'être tenu pour responsable de quoi que ce soit. Ainsi ne signale-t-on pas seulement qu'un virage est dangereux mais on précise par une succession de panneaux la vitesse à laquelle chaque section doit être abordée. Sur l'accès à une autoroute ou un rond-point, il est souligné que vous ne pouvez pas tourner à contresens. La moindre intersection est assortie d'un feu car nul ne doit miser sur le bon sens et le civisme. De même, toute la signalisation est doublée : les passages piétons, les couloirs de bus ou vélos, sont lourdement matérialisés au sol et, en plus, indiqués par d'innombrables panneaux. Une interdiction de tourner dans une rue à sens unique est signifiée à ces deux titres pourtant suffisants chacun. Les très visibles parcs à deux roues sont surmontés de panneaux comme balise en mer tandis que les conducteurs amnésiques se voient rappeler une interdiction de stationner tous les cinquante mètres dans la même rue, etc. Aucun autre pays n'encadre aussi suspicieusement le moindre mouvement. Bientôt, sans doute, les trottoirs et la chaussée seront-ils signalés comme tels... Tous les ministres de l'équipement auxquels j'ai pu en parler conviennent du caractère nuisible et ridicule de cette débauche. Pour ajouter aussitôt qu'il est impossible d'y remédier.

Cette profonde méfiance des administrateurs envers les citoyens est un redoutable poison pour l'action politique. Il est pronostiqué au dirigeant que le relâchement des règles et des contrôles aboutira à des fautes et des accidents. C'est sûrement vrai. Et alors ? En cette matière, la culture du résultat ne suffit pas. Car, bien souvent, il ne serait jamais meilleur que dans une société de robots. Jusqu'à quand – et jusqu'où – va-t-on substituer la règle au jugement ? Comment un pouvoir qui ne veut pas laisser les citoyens apprendre dans les petites choses pourrait-il compter sur eux dans les grandes ?

Il n'y a pas de malheur français

Tocqueville avait pressenti l'importance et la difficulté particulière de rendre les Français responsables. « *Quand l'amour des Français pour la liberté politique se réveilla, ils avaient déjà (...) admis comme idéal d'une société un peuple sans autre aristocratie que celle des fonctionnaires publics, une administration unique et toute-puissante, directrice de l'Etat, tutrice des particuliers. Ils entreprirent donc de mêler ensemble une centralisation administrative sans bornes et un corps législatif prépondérant : l'administration de la bureaucratie et le gouvernement des électeurs. La nation en corps eut tous les droits de la souveraineté, chaque citoyen en particulier fut resserré dans la plus étroite dépendance : à l'un on demanda l'expérience et les vertus d'un peuple libre ; à l'autre les qualités d'un bon serviteur*[1]. » Dans le troc précautionneux de la confiance entre le pouvoir et les citoyens, la suppression visible, massive, des règles qui jonchent le quotidien aura un rôle essentiel. D'un même geste, elle marquera la confiance faite aux Français et l'autorité sur l'administration.

Car l'administration de tout n'est pas seulement inefficace : c'est une machine à produire de la défiance parce qu'elle ne tolère pas la dif-

1. Alexis de Tocqueville, *L'Ancien Régime et la Révolution*, GF, 1988.

férence. Les Français passeraient moins de temps à se mobiliser contre les décisions qui leur sont imposées s'ils en prenaient davantage eux-mêmes. Qui peut encore croire qu'une école, une université ou un hôpital se portent mieux d'être enfermés dans des règles universelles qui ne laissent aucune place à la créativité des hommes? Le talent des meilleurs se consume en lutte épuisante pour contourner les rigidités qu'accumulent les procédures. « *Notre vie commune ne consiste plus qu'à appliquer de plus en plus rigoureusement des règles de plus en plus rigoureuses. Il y a une automutilation systématique des citoyens pour prévenir tous les risques que pourrait engendrer une action un peu libre* [1]. » L'insaisissable « réforme de l'Etat » échoue avec constance à cause de l'habituelle confusion entre une réponse et une solution. La réponse à la panne née de l'accumulation des règles, ce sont d'autres règles modifiant les précédentes. La solution est dans les hommes.

Encore faut-il qu'ils puissent s'exprimer. Or la normalisation rigide du système français et la méfiance qui l'imprègne rendent l'expérimentation extrêmement difficile. Par exemple, elle réclamerait souvent de déroger à des règles existantes. Mais celles-ci ont très fréquemment

---

1. Pierre Manent, Entretien, *Le Point*, 2 mars 2006.

un fondement législatif, dû à la rage de légiférer qui sévit en France et au souci d'égalitarisme formel. Du coup, ce qui voudrait être une expérience limitée dans la durée et l'étendue se voit précéder par un débat national. Lequel facilite l'apparition des conservatismes qui l'emportent le plus souvent.

C'est ainsi que, récemment, la fondation Emmaüs a proposé un mécanisme unanimement salué par les experts pour faciliter la remise au travail des bénéficiaires du RMI, soit plus d'un million de personnes. Cela exigeait différentes dérogations à plusieurs lois. Soucieux d'avancer, le gouvernement a souhaité joindre cette loi à une loi de finances qui allait être votée rapidement car il n'y avait pas de place pour un débat spécifique dans le calendrier parlementaire. Ce procédé a été rejeté par le Conseil d'Etat pour des raisons formelles. De ce fait, l'expérimentation est retardée d'au moins un an voire deux alors que de nombreuses régions sont volontaires.

Or, les chances de réformes initiées à l'échelon national sont faibles pour toutes les raisons évoquées au fil de ce texte. Et pourtant, dans tous les domaines, le désir d'améliorer les choses est grand et les idées nombreuses. Le conflit entre les deux engendre une énorme frustration qui combine le sentiment que rien n'est possible en France et celui, ainsi conforté, qu'« il ne se passe rien ». Sortir de cette toxique contradiction réclame deux conditions relativement simples et fréquemment réunies dans d'autres pays.

La première est que le contrôle de la dépense publique n'intervienne que « a posteriori ». Cela doit être une règle absolue, sans contournement possible. Salaires exceptés, les budgets votés doivent être attribués en masse à leurs destinataires qui, à leur jugement, décident de leur emploi au mieux des missions dont ils sont chargés. La conséquence logique en est, pour eux, une exigence de responsabilité soumise à contrôle et à évaluation.

Le système français actuel fonctionne à l'inverse. La prolifération réglementaire née de la méfiance ne laisse aucune marge de manœuvre et donc aucune responsabilité. C'est absurde mais cohérent : dans un système où la confiance n'existe pas, les décisions prises par l'Etat sont forcément bonnes et non contestables par les échelons subalternes. La France distribue donc l'argent public avec une méticulosité maniaque qui abolit toute idée d'évaluer l'efficacité de son usage. Et, a fortiori, d'en supprimer le bénéfice pour cause d'inefficacité.

Il n'y a pas de malheur français

Dans son rapport de 2006 sur les pôles de compétitivité, l'OCDE a noté avec stupéfaction l'absence complète de tout engagement d'objectif et de mécanisme indépendant d'évaluation dont la satisfaction conditionnerait la poursuite de l'attribution des fonds.

En France, la prime est à la conformité formelle, non à l'efficacité. Le fonctionnement de l'Etat est profondément imprégné de cette logique qui le pervertit. Ainsi voit-on des juges d'instruction révoltés par l'idée que des fautes « manifestes et graves » puissent être sanctionnées. Il n'y a pas longtemps que les médecins hospitaliers commencent à accepter d'évaluer et de comparer le coût de leurs pratiques et, éventuellement, de les modifier en s'inspirant des meilleures. C'est une vraie révolution. Il y a une quinzaine d'années, la direction de l'Assistance publique de Paris avait fait analyser le coût des opérations à cœur ouvert qui se pratiquaient dans les trois services de chirurgie cardiaque de la capitale. Elle découvrit avec stupéfaction qu'ils variaient de un à trois. Confrontés à ce résultat, les chirurgiens les plus coûteux avaient paisiblement conclu qu'il s'agissait de « différences d'école » et en étaient restés là !

La seconde condition est que, à une échelle territoriale adéquate – probablement la région – les élus aient le droit de voter des expérimentations temporaires, fussent-elles en dérogation avec des lois. Le vote garantit la transparence des projets et aussi leur caractère raisonnable : il y a peu de chances de voir un conseil régional décider le passage aux 50 heures ou la suppression des allocations de chômage. Il en résulterait, à coup sûr, une multitude d'initiatives. La proximité des élus régionaux aux problèmes et aux effets des solutions envisagées les incite fortement à agir tout en tenant compte des sensibilités. Ces expérimentations créeraient le sentiment d'un mouvement retrouvé et maîtrisé, source d'optimisme et de confiance en soi. Et certaines solutions ainsi testées mériteront sûrement d'être généralisées. Elles le seront facilement car les faits sont rassurants. Tant il est vrai qu'il n'y a de miracle que l'action.

En Finlande, la remarquable réforme de l'Education nationale déjà mentionnée s'est faite en déléguant aux écoles la complète gestion de leurs affaires, y compris les horaires ou l'organisation des classes. Dans chacune, une équipe composée de l'administration de l'école et des enseignants a mis en place ce qui lui paraissait le mieux. Cela a sonné le glas des inspections administratives ne contrôlant que la conformité formelle aux circulaires, y compris sur la méthode pédagogique. Au bénéfice d'une évaluation de l'efficacité : les enfants apprennent-ils ce qu'il faut? Si oui, alors, les meilleures pratiques sont diffusées à tout le monde. Anarchie libérale? Sûrement pas : le financement est resté public et, surtout, il y avait un projet commun : le succès des enfants. Impossible en France? Pas du tout : la méthode finlandaise s'y pratique et avec la même adhésion. En cachette bien sûr, comme me l'a raconté un ancien recteur de l'académie de Paris à la fois excédé et ravi du procédé.

En France, les innovateurs sont la cinquième colonne de la modernité. Pour sortir de la réforme par l'action clandestine, il faut que chacun croie à sa liberté d'inventer en étant jugé sur le résultat. Communiquer cette conviction n'est pas facile dans un pays où la décentralisation n'est qu'un étatisme délégué. Cependant, contrairement à une idée reçue, la réticence est peut-être plus du côté des politiques et des syndicats, que des fonctionnaires eux-mêmes. Une vaste enquête réalisée au printemps 2006 les montre davantage prêts à changer que leurs dirigeants et représentants ne le disent [1]. Parmi ceux interrogés, 97 % estimaient urgent de simplifier les procédures et 60 % de réformer le secteur public ! Tout aussi remarquable est la convergence sur les mesures à prendre : sanctionner les incompétents (94 %) ; développer les démarches qualité (88 %) ; pour les deux tiers, développer la promotion et la rémunération au mérite, les indicateurs de performance et... recruter davantage dans le privé ! Ce résultat doit certainement être tempéré : ce qui est apprécié comme une idée générale n'est pas nécessairement admis comme une pratique pour soi. Néanmoins, cela confirme que le pari sur les hommes vaut d'être tenté. Et, de fait, à chaque fois que la liberté a vraiment été donnée, les résultats ont été « à la finlandaise ».

Ces dernières années, par exemple, une série d'expériences menées au ministère des Finances a été couronnée de succès. C'est ainsi que la direction du Budget a accepté de passer un accord avec la direction des Relations économiques extérieures (DREE) qui gère, notamment, les conseillers commerciaux présents dans les ambassades françaises. Ce service a des frais de voyage, de personnel et de représentation qui sont élevés. En échange

---

1. *Le Parisien*, 24 avril 2006.

d'une libre gestion, le directeur d'alors, Jean-François Stoll, s'est engagé sur des objectifs d'économies très importants. Il conservait une fraction des ressources ainsi dégagées mais l'essentiel revenait au Budget. En quatre ans, la DREE a réduit ses coûts de 20 % et largement transformé son fonctionnement. Par exemple, pays par pays et sujet par sujet, elle recourt à des experts locaux payés comme consultants plutôt qu'à des fonctionnaires français en poste qui sont forcément moins « pointus » que les experts du pays. Du coup, ils ont davantage de temps à consacrer à l'écoute des besoins des entreprises françaises exportatrices. Cependant, malgré le succès de cette expérience, la direction du Budget est réservée sur son extension. « *C'est une question de confiance*, me disait un des responsables. *La DREE, ce sont des collègues, on les connaît, c'est cadré. Ailleurs...* »

C'est exactement la raison pour laquelle la nouvelle organisation tant célébrée des Finances publiques est bien loin d'un vrai contrôle a posteriori, c'est-à-dire d'une vraie confiance. Elle ne fait que des pas très comptés dans la direction de l'autonomie responsable des fonctionnaires et des organisations publiques. Cette loi était censée favoriser l'évaluation des actions de l'Etat, reclassifiées selon des grandes missions. Pour cela, une vraie marge de gestion devait être donnée aux ministres et aux fonctionnaires qui seraient jugés sur le résultat. En pratique, en une parfaite illustration du gouvernement de Personne, les procédures de sa mise en œuvre ont rétabli les contrôles minutieux qu'il s'agissait d'alléger. L'autonomie de gestion supposée a disparu dans la complexité des règles. A tel point que la moitié des fonctionnaires déclarent n'avoir jamais entendu parler de cette loi pourtant présentée comme la plus grande réforme des Finances publiques depuis 1959 et d'un parfait œcuménisme politique [1]! La défiance et la peur de constater des écarts de performance dont il faudrait tirer des conclusions jouent là un rôle décisif.

L'ambition, condition du succès et non source de risque!

Certains s'en sortiront mieux que d'autres? Mais heureusement! Où irions-nous chercher les meilleures pratiques sinon? Il n'y a pas de modèle, français ou autre : il y a des hommes de qualité et la vraie différence est dans la place qui leur est laissée pour s'exprimer. Il y aura des échecs? Assurément! Et comment y porterions-nous remède s'ils restent cachés

---

1. *Le Figaro*, 28 septembre 2006.

dans la conformité aux règles? Les élus, les
syndicats protesteront? Sans doute. Qui aime
changer ses habitudes? Au moins faudrait-il
proposer des changements qui en soient. Car,
aujourd'hui, réformer – si d'aventure – est plus
souvent réduire à l'identique que changer, bref,
une querelle de comptables.

Or, quel que soit le sujet, tout autre serait un
débat des fins plutôt que des moyens. Car tout
se tient. La lâcheté précautionneuse qui nous
gouverne n'avance qu'à pas très comptés. Du
coup nous ne débattons que d'aménagements,
c'est-à-dire de moyens. Et nous revoilà dans le
marchandage, lequel réduit forcément le projet
initial, déjà modeste. Il en résulte des dirigeants
plus convaincus encore que les Français ne
veulent pas de changement et des citoyens plus
certains que jamais qu'il ne se passe rien.
Ainsi la litanie des réformes avortées tou-
chant à l'éducation depuis vingt ans (1986,
1990, 1995, 1998, 2003, 2005) a-t-elle installé
la peur chez les gouvernements et la méfiance
chez les jeunes alors que notre enseignement
est sérieusement malade. Le résultat est que
l'ambition des réformes est allée décroissant et
donc aussi la justification d'un combat politique majeur pour les soutenir. En un parfait
cercle vicieux, cela a encouragé et facilité les

oppositions. Il en est de même pour les réformes de la fonction publique aussi souvent ouvertes qu'abandonnées après quelques modifications cosmétiques à grand théâtre. La situation serait complètement différente si les projets soumis offraient une vision nouvelle du domaine concerné tandis que serait laissée la plus grande souplesse d'action. Cela ne suffirait pas à faire taire les conservatismes mais l'esquive, le refus pur et simple deviendraient difficiles. Et plus encore si ces projets ont connu une expérimentation régionale réussie.

Par exemple, une région qui le désirerait, pourrait expérimenter une gestion à la finlandaise de ses écoles, avec une décentralisation totale, un engagement des enseignants, des administrateurs des écoles et des parents. Une autre pourrait tester la suppression de la carte scolaire. Une troisième, le déplafonnement des capacités du privé. Etc. Et il n'y aurait sans doute pas de mal à trouver des régions volontaires. Menées « entre soi », avec l'exigence qu'impose la proximité durable des parties prenantes, ces expériences engendreraient des débats intenses, passionnants mais fructueux parce qu'ancrés dans le réel et non dans la confrontation des positions de principe.

Cependant, l'expérimentation est plus difficile à concevoir dans certains domaines, comme le statut des personnels par exemple. Et la révolution n'y est pas de mise. Néanmoins des souplesses considérables peuvent être mobilisées ou apportées dans la fonction publique.

D'abord, bien sûr, celle des départs à la retraite massifs. La fonction publique civile de l'Etat comptait deux millions de fonctionnaires au 31 décembre 2000, dont la moitié pour l'Education nationale hors Enseignement supérieur et Recherche. Entre 2001 et 2006, 345 000 sont partis à la retraite. Mis à part aux ministères des Finances et à celui de l'Equipement, la quasi-totalité ont été remplacés. Cela constitue, avec la dette publique, un des plus grands et coûteux monuments à la lâcheté de l'Etat. De 2007 à 2016, 573 000 fonctionnaires partiront à la retraite. C'est une occasion unique et dernière de restructurer l'administration en profondeur et en douceur. Le sujet n'est pas de réduire pour réduire mais de se poser les mêmes questions que les Suédois ou les Canadiens : qu'est-ce qui doit être vraiment public ? Et quels effectifs sont justifiés ? Sachant qu'il est indispensable à cette occasion de revoir aussi les moyens. Bien des fonctionnaires ont des conditions de travail misérables parce que l'Etat continue de vouloir maintenir toutes les missions tout en rognant les budgets. Comment attendre que soient soutenues des « réformes » qui ne sont que des économies subreptices ? Comment demander aux professeurs de ZEP d'y demeurer pour 100 euros de plus par mois, sauf en août, car il n'y a pas de petits profits ? Ce n'est pas seulement absurde, c'est insultant.

Ensuite, pourquoi ne pas ouvrir à toutes les entités publiques – Etat, hôpitaux, collectivités locales – la faculté de recruter des non-fonctionnaires sauf pour un nombre très limité de postes ? Rien d'impossible, cela se pratique déjà à grande échelle en bien des endroits et sans drame. Il ne s'agit donc que d'étendre des dispositions existantes. Il est vrai que, aujourd'hui, ces recrutements se font souvent sur le mode honteux du palliatif et, du coup, dans des conditions de travail parfois difficiles. La grève des médecins étrangers, pourtant indispensables au fonctionnement des hôpitaux publics, a bien montré la gêne qui les entoure. Grands principes et pratiques molles : l'Ancien Régime toujours...

Enfin, pourquoi, à l'inverse, ne pas offrir aux fonctionnaires la possibilité de passer sous sta-

tut privé en conservant leur emploi et leur
ancienneté, moyennant une augmentation subs-
tantielle de leur rémunération? L'objectif n'est
pas de les faire partir par la suite! La pyramide
des âges s'en charge très bien pourvu que l'on
s'en serve. Il s'agit d'injecter de la souplesse
dans des fonctionnements ankylosés par les
statuts sans le payer d'une restructuration
violente. Qui arrivera sinon. Les arsenaux ter-
restres ont complètement modernisé leur fonctionnement mais sous la pression de la faillite et
au prix du départ des deux tiers de leurs effectifs, à prix d'or il est vrai. Nul ne peut être satisfait d'un tel procédé même si le résultat est
acquis. Pourquoi le changement devrait-il être
forcément associé à l'échec? La transformation
de la Direction générale des Télécommunica-
tions en France Telecom, celle en cours d'EdF
et GdF montrent bien que de profonds changements sont possibles sans catastrophe.

Cela est-il vraiment possible avec des Français obsédés d'égalitarisme? Bien sûr! Même
avec les plus conservateurs? Mais oui! Au
contraire! Le sondage mentionné précédemment sur le désir de réformes des fonctionnaires en est une indication. Si grande est
l'attente des Français qu'elle permet, elle
appelle, l'audace. Les négociations à la marge

Malheur aux incertains et aux parcimonieux !

ne donnent même plus des résultats à la marge mais une spirale de refus et de renoncement. De l'air ! L'ampleur d'un projet le porte, parce que le débat lui-même nourrit le sens d'être ensemble et le sentiment que, enfin, « il se passe quelque chose ». Désormais, l'ambition est une condition de la réussite ; on ne périt que par défaut. Mais l'ère des chimères est terminée car l'opinion ne fait plus crédit. La double exigence évoquée précédemment doit être respectée avec soin : les citoyens attendent que le projet leur soit expliqué et que sa vérité soit vérifiable. Cela impose que les résultats escomptés soient présentés sur le mode de l'engagement et non du vœu. Ni généralités ni abstractions. Si ces conditions ne sont pas respectées, il ne se passera rien.

Inversement, si elles le sont, la prudence, le gradualisme ne sont plus de mise. Car une action nuancée n'attire pas moins d'adversaires, elle offre davantage de prises. Ces distinguos ne sont pas perçus comme un effet de l'intelligence mais de la crainte, non pas comme des attentions mais des atermoiements. Pour autant, il n'y a pas de place pour les errements pseudo-révolutionnaires du tout ou rien qui finissent toujours dans un rien nostalgique et grognon. L'intensité n'est pas la radicalité.

Il n'y a pas de malheur français

Ce qui est attendu de l'action politique n'est pas une logique de grand soir mais de certitude. La plus impérieuse nécessité est d'établir la conviction que, irrévocablement, il va se passer quelque chose maintenant.

« Le plus long voyage
commence par le premier pas [1] »

Il serait néanmoins erroné de croire que cela facilitera instantanément la vie aux dirigeants. La liberté est un esprit qui ne s'acquiert pas si aisément. Beaucoup de Français préfèrent en abandonner des pans au profit d'une prise en charge. Cette culture du tiers payant, d'une responsabilité qui est toujours ailleurs, est une drogue dure, confortable et de longue accoutumance. Elle est un pacte implicite entre la machine étatique et les citoyens qui ressemble à celui du drogué et du « dealer », souvent haï mais toujours indispensable. Ainsi, le moment le plus difficile, le plus dangereux de l'action politique est son premier pas. *« Ce n'est pas toujours en allant de mal en pis que l'on tombe en révolution. L'expérience montre que le moment le plus dangereux pour un mauvais gouvernement est d'ordinaire celui où il commence à se réformer.*

---

1. Proverbe chinois.

Malheur aux incertains et aux parcimonieux!

Tout ce qu'on ôte alors des abus semble mieux découvrir ce qui en reste et en rend le sentiment plus cuisant. (...) Les plus petits coups de l'arbitraire de Louis XVI paraissaient plus difficiles à supporter que tout le despotisme de Louis XIV. Le court emprisonnement de Beaumarchais produisit plus d'émotion que les dragonnades [1]. » Ce premier moment a tout contre lui. Les mesures annoncées suscitent l'inquiétude des citoyens, par nature suspicieux, et que travaillent au corps les partisans du toujours plus et ceux du toujours autrement, parures usuelles des intérêts menacés. Les effets bénéfiques ne sont pas immédiats au contraire des critiques et des inconvénients. Sceptiques par expérience, dérangées dans leurs habitudes, les administrations entrent en guérilla et pèsent leur poids de doutes et de procédures.

Ce moment-là est l'essence du rôle du chef. Dans l'étymologie du mot, est chef celui qui commence quelque chose et cherche des compagnons pour exécuter l'action. A l'instant où cet homme se lève, tous le regardent et s'interrogent. Lorsqu'il a parlé, chacun suppute en lui-même et observe ses voisins à la dérobée. Il y a là un moment de pure in-décision, une ape-

---

1. Alexis de Tocqueville, *L'Ancien Régime et la Révolution*, GF, 1988.

santeur de la volonté. Et qui se dénoue dans le mouvement ou l'esquive. Le chef, aujourd'hui, ne parle plus à quelques hommes rassemblés sur la jetée d'un port mais ce premier moment demeure, au fond, identique.

Et particulièrement difficile aujourd'hui.

Nous portons trop de déceptions, d'actions annoncées et avortées par un pouvoir incertain. Trop de chefs déclarés sont retournés s'asseoir après avoir parlé parce que les premiers pas étaient combattus. Ils le seront toujours. L'approbation suit l'action, elle l'accompagne rarement et ne la précède jamais. Le consensus n'est pas une méthode pour agir. Peut-être peut-il le devenir une fois la confiance établie dans le pouvoir, c'est-à-dire dans l'effectivité de ses promesses et sa détermination non négociable à agir. Là est l'essentiel : à défaut, pour mille raisons diverses, l'effort de tous aboutit à empêcher l'action, pas à l'accompagner. L'action politique doit être inflexible quant à ses fins ; c'est un impératif né du discrédit de décennies de non-choix précautionneux et de contestations fructueuses du principe même de l'action. Comme Tocqueville, «*je redoute bien moins l'audace, pour les sociétés démocratiques, que la médiocrité des désirs. Les chefs de ces sociétés auraient tort de vouloir y*

Malheur aux incertains et aux parcimonieux!

endormir les citoyens dans un bonheur trop uni et trop paisible et il est bon qu'ils leur donnent quelquefois de difficiles et périlleuses affaires afin d'y élever l'ambition et de lui ouvrir un théâtre ».

Dans ces conditions, la certitude de l'action n'est pas l'expression d'un autoritarisme mais le moyen d'une confiance. Il ne s'agit pas de promouvoir le changement pour lui-même mais parce qu'il est la condition pour que nous restions ce que nous sommes. C'est la tâche qu'un homme politique digne de ce nom devrait être capable de nous proposer. Car ce sens de soi-même est, aux yeux de tous les Européens, une force unique des Français, un privilège mérité de leur histoire. Le sens que nous avons de n'y plus correspondre nous désespère aujourd'hui. L'action seule peut nous réconcilier avec nous-mêmes parce qu'elle est l'incarnation de cette liberté en mouvement qui est notre image. Elle en est le souffle, le principe vital comme l'écrit magnifiquement Saint-John Perse.

Mais de telles entreprises ne se conseillent pas : on n'est propre à les accomplir que quand on a été capable de les concevoir.

Table

www.ingramcontent.com/pod-product-compliance
Lightning Source LLC
Chambersburg PA
CBHW061733270326
41928CB00011B/2216